知れば知るほど面白い

名字の秘密大辞典

名字の秘密研究会編

彩図社

歴史と逸話がいっぱいの名字の世界へようこそ！

日本人の名字の種類はじつにバラエティに富んでいて、その数は30万種もあるといわれている。

面白いのは、その名字の一つひとつに由来やルーツ、伝説があることだ。

ふだん何気なく使っている名字だが、本書を読めば、いかに多くの情報を含んでいるかに気付くだろう。

1章で名字についての基本を見たあと、2章と3章では、名字を読み解くことで私たちのご先祖様やルーツをたどっている。

名字の中で一番多いのは、「山」や「川」などの地形や地名、「森」や「田」などの自然や風景に由来する名字だが、それらのルーツをたどることで、ご先祖様がどんな場所で何をしていた人だったのか、さらにはその性格までうかがえるかもしれない。

また4章では、珍しい名字などの雑学を、5章では都道府県ごとに存在する名字の特徴をまとめた。そして6章では、日本全国の名字ランキングトップ100を掲載している。自分の名字が入っているかどうか、チェックしていただきたい。

ひと通り読めば名字の概要が理解できるようになっているが、もちろん興味のある項目だけを読んでいただいてもかまわない。

それぞれの由来や歴史については諸説あるものの、名字をたどっていくと教科書には載っていない、リアルな日本の歴史やご先祖様の暮らしぶりが浮かび上がってくる。

さまざまな逸話や歴史的事実に触れながら、自分や家族の生い立ちに思いをめぐらせていただければ幸いだ。

2018年4月

名字の秘密研究会

1章　知っているようで知らない名字の基本

2章　名字で読み解く我が家のご先祖様

3章　摩訶不思議な名字の由来

4章　聞いてビックリ！　名字の雑学事典

5章　47都道府県別 名字の秘密

1章

知っているようで知らない
名字の基本

日本の名字は世界一バラエティ豊か

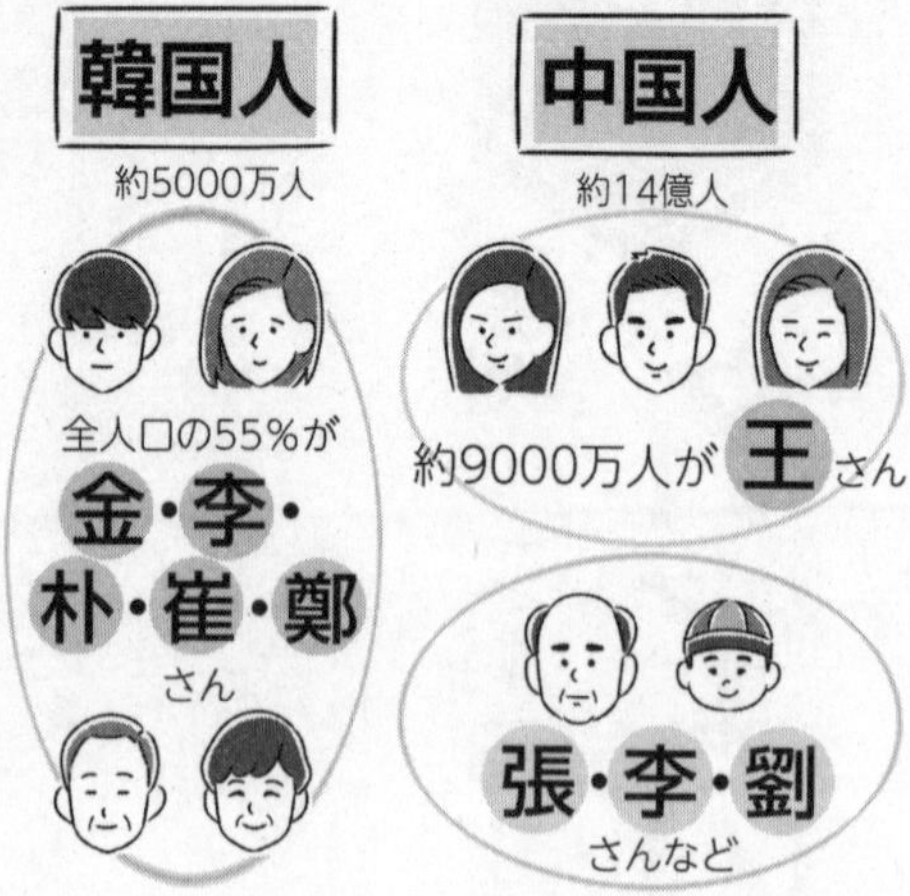

東アジアには地理的、歴史的に中国の影響を受けてきた国が多く、日本もそのひとつだ。

しかし、名字に関しては独自のもので、しかもその種類は圧倒的に多い。

人口が14億人近い中国では４０００種類ほどしかなく、もっとも多い「王《ワン》」だけで９０００万人以上もいるという。韓国でも「金《キム》」「李《イ》」「朴《パク》」「崔《チェ》」「鄭《チョン》」の名字を持つ人が人口の約55パーセントを占めていて、名字の総数は２００数十種類ほどだ。

それに対して、日本は人口約１・３億人に対して名字の数は約30万種類もある。全国でもっとも多い

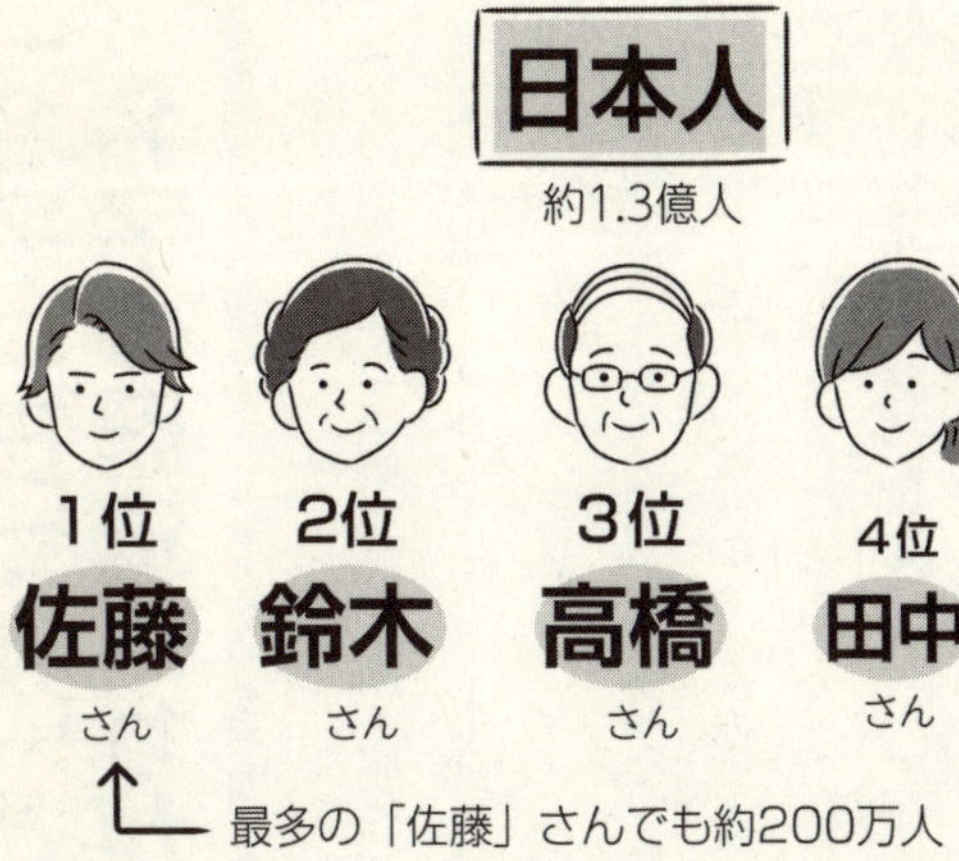

「佐藤」でも、人口比で見ると2パーセント足らずというから、２００万人ほどしかいないのである。

では、この30万種類という数は世界一なのかというとそうではない。

単純に数で見てみると、多くの移民を受け入れてきた多民族国家のアメリカがナンバーワンで、その数は１５０万種類にものぼる。

それでは、人口比で世界一名字の種類が多いのかといえば、そうでもない。

北欧のフィンランドは全人口が約５００万人なのに対して、名字の数は3万種類といわれるので、人口比では日本よりも種類が多いのだ。

欧米諸国に比べるとそれほど多民族国家なわけでもないのに30万種類の名字がある日本は、バラエティの豊かさでは世界一といえるかもしれない。

「名字」「氏」「姓」という呼び名から名字の歴史がわかる

役所に提出する婚姻届けや出生届けなどの書類を見ると、名前の記入欄が「氏」と「名」に分かれているが、インターネットの会員登録ページでは「姓」と「名」となっていることが多いようだ。

「氏」も「姓」も、どちらも「名字」を表しており、今ではこの3つの言葉は同じ意味で使われている。だが、歴史をたどってみると、そもそもの意味はまったく違っている。

まず「氏」は「うじ」と読み、古代の日本では系譜や祖先を同じくする同族集団を意味した。歴史に登場する蘇我氏や物部氏、大伴氏などがその例だ。

「姓」は「かばね」と読み、もともとは大和朝廷が有力な氏族に与えた「公《きみ》」や「臣《おみ》」、「連《むらじ》」、「直《あたい》」、「造《みやつこ》」などの称号だ。これらは天皇から与えられたもので、その一族の社会的な地位や序列を表している。平安時代になると姓の数は減り、やがて姓と氏は同じものとされるようになった。さらに天皇が皇位継承の可能性が高くなった皇子に「平」と「源」の姓を与え（48ページ参照）、そ

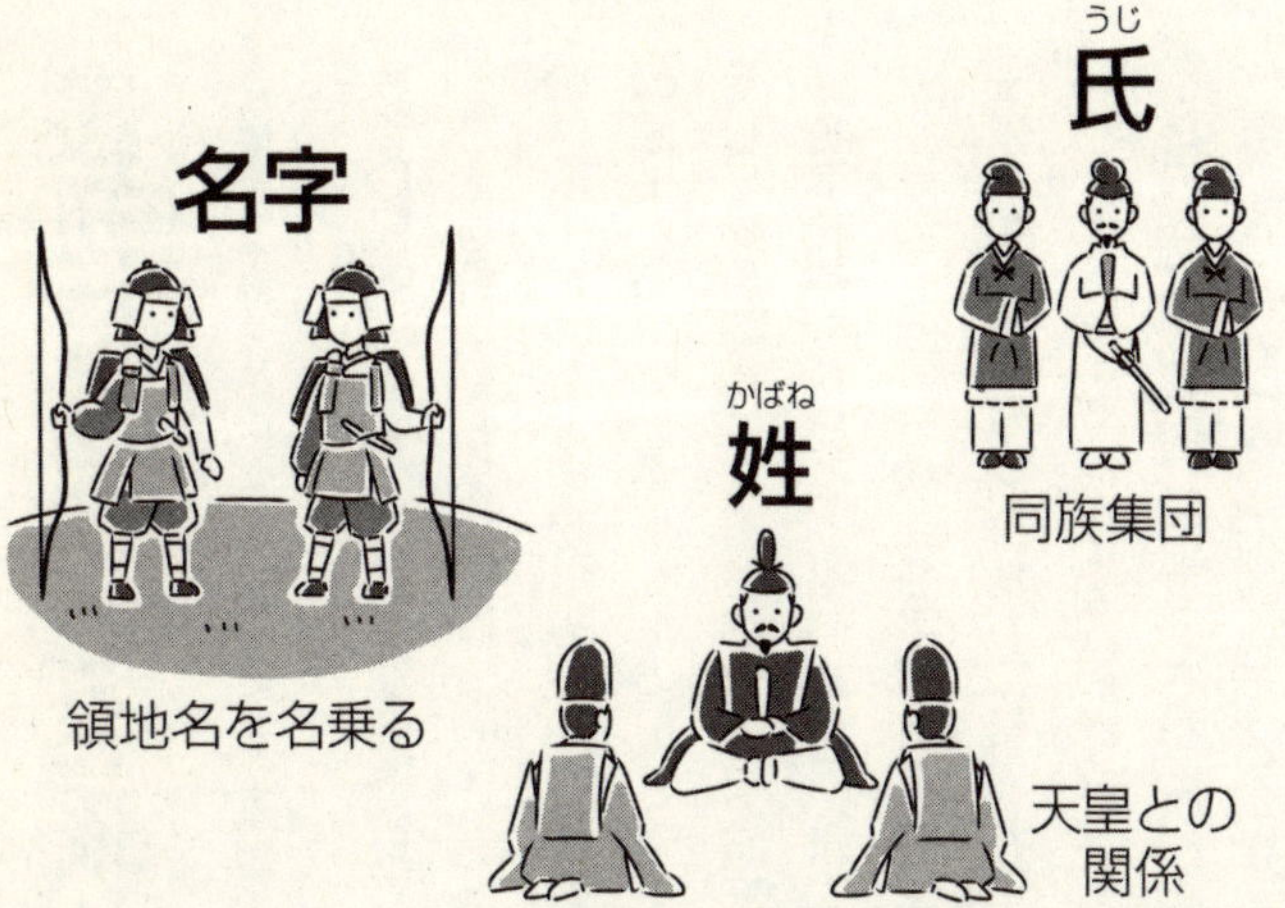

れ以外の姓はつくらないようになったため、ほかの姓は廃れていった。

そして「名字」は、平安時代末期から鎌倉時代のはじめ頃に、新興の武士が所領する地名を名乗ったものだ。

この中で、古くから朝廷で正式の名前とされてきたのは姓で、名字は非公式なものだった。そのため、江戸時代以前の公式文書には、「名字」「通称」「姓」「正式名」を連ねた長い名前が記されたものもある。たとえば、名字の「織田」、通称の「上総介《かずさのすけ》」、姓の「平」、正式名の「信長」で「織田上総介平信長」と記された織田信長のサインも残されている。

名称をたどってみると、現在は名字と呼ばれているものがどのように生まれ、育っていったのかがうかがえるのだ。

最初に名字を名乗ったのは武士だった

今では日本人の名前に欠かせない名字だが、最初に名乗りはじめたのは誰だったのだろうか。

そもそも日本で名字が一般的になったのは、武家社会が生まれた平安時代末頃で、最初に名乗ったのは武士だった。彼らはみずからの所領する地名を名乗り、そこが自分の領地であることをほかの武士たちにアピールしたのだ。

そして鎌倉時代になると、領地を名字として名乗ることを源頼朝が公認する。幕府に従う御家人に名字を持たせたことで、さらに名字を持つ者が増えていったのである。

一説によると、最初に名字を名乗ったのは、鎌倉時代に武蔵国（現在の東京・埼玉・神奈川の一部）を中心に広く関東地方に勢力を伸ばしていた「武蔵七党《しちとう》」だといわれている。

彼らは御家人として鎌倉幕府を支えた同族的武士団で、みずからが所領していた土地の名を名乗ったのが名字のはじまりとされているのだ。

七党といいつつも、文献によっては党の数が7つ以上存在する場合もあるが、『武蔵七党系図』

では「横山党」「猪俣《いのまた》党」「野与《のよ》党」「村山党」「児玉党」「西党」「丹《たん》党」が七党と記されている。

この中の横山党が名乗った名字を見てみると、「海老名」や「椚田（くぬぎだ）」、「愛甲」などで、現在の東京都や神奈川県に地名として残っている。また、西党は「稲毛」や「立川」、「小川」などを名乗っていて、八王子あたりがルーツであることがわかる。

武蔵国の北西部、現在の埼玉県の大里郡や比企《ひき》郡のあたりを本拠にしていた猪俣党が名乗った名字には、「男衾（おぶすま）」や「蓮沼」、「横瀬」などがあり、こちらも地名として残っている。

武蔵の武士たちにとって、名字はみずからの身分や権限を誇示するためのものでもあった。ほかの武士はむやみにこの地に侵入してはならないという意味が込められていたのだ。

昔は勝手に名字を変えることができた

日本で国民全員が国家公認の名字を持つようになったのは、1875（明治8）年に「平民苗字必称義務令」が公布されてからのことだ。

この時、明治政府がすべての国民に名字を持つことを義務づけたため、日本の名前は現在のように「一氏一名」となった。

じつは、それまでは名字は自由に変更することができたのである。

古い例でいうと、豊臣秀吉は「木下」という姓から「羽柴」、「豊臣」を名乗っているし、徳川家康ももとの姓である「松平」から「徳川」になっている。

また、板垣退助はもともと「乾」という名字だったが、父方の家系が旧武田家家臣の「板垣」氏の末裔なので、幕末のどさくさに紛れて「板垣」に復姓している。

桂小五郎も暗殺を恐れて「新堀」や「広戸」などの変名をいくつも使用し、最終的に長州藩主の毛利敬親《たかちか》からもらった「木戸」を名乗って「木戸孝允《たかよし》」と改名している。

木下
羽柴
豊臣
明治時代の
俺たちはは
変えられない
からな……
天皇から
もらった
姓だぞ！

江戸時代は名字を名乗るのは支配階級の特権で、庶民が名字を持つことは禁じられていた。

それが、明治政府が国民に名字を義務づけたのは、国家が直接、各家を把握して管理するためには〝家名〟があると便利だったからである。

急なことだったとはいえ、多くの国民はこの頃すでに何らかの名字を勝手に名乗っていたので、義務化されたところでさほど混乱もなかったことだろう。

ただし、ここぞとばかりに今まで使っていた名字や名前を変えようとする者が出ないよう、国は「改名禁止令」を事前に出すという念を入れてから、全国民に名字を認めたのである。

このような経緯で、名字はひとりにひとつしか登録できず、しかも原則的に変更できなくなったのだ。

なぜ日本では漢字2文字の名字が多いのか？

日本人の名字は「山本」「田中」「佐藤」など、圧倒的に漢字2文字からなるものが多い。

なぜそうなったのか、歴史をさかのぼってみると、なんと飛鳥時代の後期にまで行き着く。

713（和銅6）年に政府が「好字二字化令」を出したのがはじまりだ。

当時の日本は、世界一の先進国にして大帝国だった唐を手本にしていたのだが、唐の都市名は首都の「長安」をはじめ、「洛陽」や「杭州」など、どこも2文字だった。

そこで、唐にならって日本の地名も2文字の漢字で表記せよと国が勅令を発したのだ。

それによって、たとえば「明日香」は「飛鳥」に、「粟」は「阿波」、「近淡海《ちかつあはうみ》国」は「近江」などと文字数がそろえられた。まずは、日本の地名が2文字に変わっていったのだ。

そして、日本人の名字の多くは「三浦」「伊東」「熊谷」など自分の領地や、「山田」「野中」など住んでいた場所が由来となっている。だから、必然的に名字も漢字2文字のものが多くなったのだ。

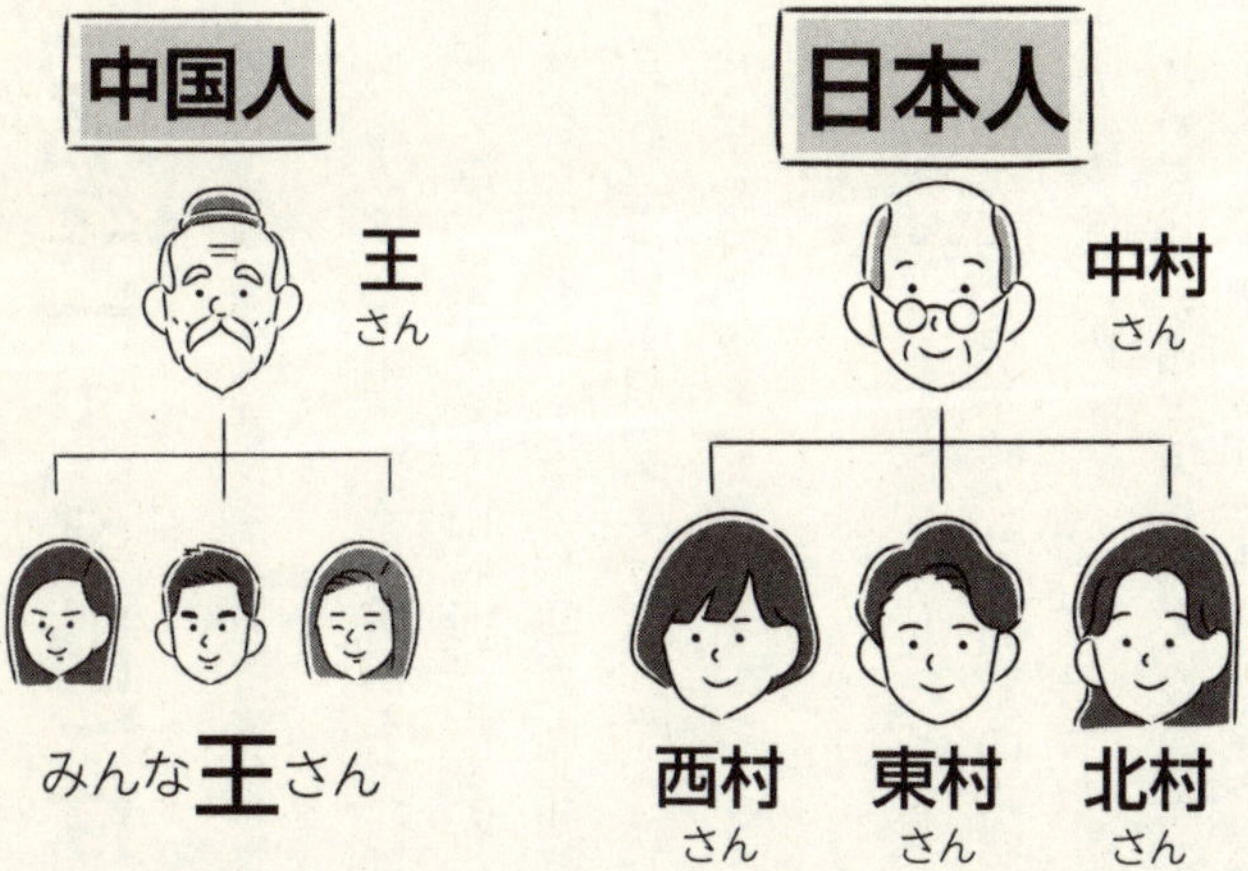

ところが、現在の中国では、多くの名字が漢字1文字である。「王」「李」「張」「劉」などが名字のトップ10に入るが、どれも1文字だ。なぜなのだろうか。

中国人の大多数を占める漢民族は、世界の中でも早くから名字を持っていたが、その頃から伝統的に1文字が基本で、日本のように分家してその土地の地名を名乗ったりしなかったために種類が増えなかったという。

同じ理由で、中華文化圏の朝鮮半島でも1文字の名字が多く、名字の種類が少ないようだ。

だが、結婚しても夫婦別姓で、生まれてくる子供は父親の姓を名乗る中国では、母親の名字が消滅するという危機に直面している。

そこで、最近では両親の名字を合わせた漢字2文字の名字を名乗る子供も出てきているという。

「名字」＋「名前」は世界標準ではない

日本人は、「山田太郎」と書いてあれば、自動的に名字が「山田」で名前が「太郎」と認識する。日本では、名字のあとに名前が来るのが一般的だからだ。

同じく東アジアの中国や韓国、北朝鮮、そしてアジアにルーツを持つ遊牧民族によって建国されたハンガリーも「名字」＋「名前」のパターンである。

だが、欧米の場合は逆に「名前（ファーストネーム）」＋「名字（ファミリーネーム）」というパターンが多い。

なぜ順番が逆になるのかについては、それぞれの言語の文法に従っているからだという説がある。たとえば、日本語では「東京の大学」というように、「大学」を修飾する「東京」が先にくる。だが、英語では「ユニバーシティー　オブ　トーキョー」と東京が後になる。

これを名前で見ると「菅原の道真」、「ジョン　オブ　スミス」となり、「の」と「オブ」を取れば、それぞれ「名字」＋「名前」、「名前」＋「名字」になるのだ。

　さらに、欧米では多くの場合、名前と名字の間にミドルネームが入る。たとえば、アメリカの元大統領ジョン・F・ケネディは「ジョン・フィッツジェラルド・ケネディ」、俳優のジョージ・クルーニーは「ジョージ・ティモシー・クルーニー」が本名だ。
　また、名字を持たない国や民族もある。
　ミャンマーの民主化運動の主導者アウンサンスーチー氏の名前は、父の「アウンサン」と父方の祖母の「スー」、母の「キンチー」という名前から一音節ずつ取ってつけられている。だから「アウンサンスーチー」が個人の名前であり、名字はないのだ。
　ファミリーネームがない国や民族には、ほかにもモンゴル、アイスランド、インドネシアなどがあり、日本のような「名字」＋「名前」はけっして世界標準ではないのだ。

書類の記入例はなぜ「山田太郎」なのか？

「山田太郎」は、よく記入例に用いられる名前だ。特に「太郎」はあちこちで使われていて、郵便局なら「郵便太郎」、港区役所なら「港太郎」、確定申告書類なら「国税太郎」となっている。

この太郎というのは、江戸時代以前に個人の正式名とは別に長男につけられていた通称だ。次男は次郎、三男は三郎と生まれた順に通称がついていた。

武田信玄の長男である義信は「武田太郎義信」、熊谷家の次男として生まれた直実は「熊谷次郎直実」という具合だ。そして、太郎と次郎では当然、長男である太郎のほうが多いのである。

では、なぜ名字は「山田」なのか。

これも全国的にメジャーな名字という理由で選ばれたようだ。

日本で多い名字といえば「佐藤」や「鈴木」だが、これらの名字は全国的に見ると、西日本ではそれほど多くない。しかし、どこにでも里山や田んぼがあった日本では、山田の名字は全国にまんべんなく分布している。そんな理由から、記入例といえば「山田太郎」となったのだ。

東日本と西日本で名字の特徴が違う

東日本と西日本では、名字の特徴が異なっている。東日本の名字は武士の流れをくむものが多く、西日本では地形や地名に由来するケースが多いのだ。

もちろん、今は全国に広まっている名字も多数あるが、じつは読み方には東西の違いがある。

たとえば、「上」ではじまる名字を見てみよう。「上村」は「かみむら」と「うえむら」、「上岡」なら「かみおか」と「うえおか」という2通りの読み方がある。漢字だけを見るといったいどっちだろうと迷ってしまうが、東日本では「かみ」、西日本では「うえ」と読むことが多いのである。

同じようなことは「谷」のつく名字にもいえる。東日本は「や」、西日本では「たに」と読む傾向がある。東日本の「谷口」さんは「やぐち」、西日本なら「たにぐち」となるわけだ。

もちろん、これはあくまでも一般的な傾向であって、すべてがこの法則に当てはまるわけではない。「上」からはじまる名字でもっともポピュラーな「上田」は、地域を問わず「うえだ」が圧倒的に多い。また、「大谷」もほとんどが「おおたに」と読み、「おおや」は少数となっている。

富山県と新潟県の間には名字の境目がある

私たちは本州を2つに分けて、東を東日本、西を西日本と呼んでいるが、境界線がどこにあるのかを気にしたことはあまりないだろう。だが、名字に関しては、日本海側にかなり明確なラインがある。それは、富山県と新潟県の境目だ。

東西の名字の特徴は、東日本は源氏や平氏、藤原氏の流れを引く「佐藤」や「渡辺」、「高橋」などが多く、西日本は自然の地形などに由来した「田中」や「山本」、「吉田」、「中村」などが多いことにある。そして、それぞれの県で多い名字も新潟県は東日本型、富山県は西日本型とはっきりと分かれているのだ。

鎌倉時代には越後国（現在の新潟県）は将軍家が支配した分国だったため、関東との交流が盛んだった。一方、越中国（現在の富山県）には古くから「じょうべのま」という荘園があり、そこで集められた税や物品は日本海ルートで越前国（現在の福井県）の敦賀まで運ばれ、琵琶湖を経由して京都に送られていた。そんなかつての関係性が、今も名字に残っているのである。

2章

我が家のご先祖様

名字で読み解く

「佐藤」さんのご先祖は藤原氏？

「佐藤」は日本人に一番多い名字だ。知人に佐藤さんがまったくいないという人は珍しいだろう。

この「佐藤」さんのルーツをたどると、藤原氏にまでさかのぼることができる。

古来、〝名家〟と呼ばれる家は数々あるが、源氏、平氏、藤原氏、橘氏はとりわけ繁栄した一族として知られている。それらの名家の名字のルーツをたどっていくと、ほとんどがこの４家にたどりつくといわれるほどだ。

なかでももっとも栄えたのが、藤原氏だ。平安時代、朝廷の大半は藤原一族が占めていたといっても過言ではないほど繁栄していた。

とはいえ、たとえ藤原一族であっても、朝廷の要職につけるのは本家に連なる者だけだ。中級や下級の役人は役職を名字として使うことが多かったのだが、それではせっかくの藤原ブランドが活かせなくなってしまう。

そこで、藤原氏の一員であることを示すために、「～藤」と名乗る人々が増えていったのである。

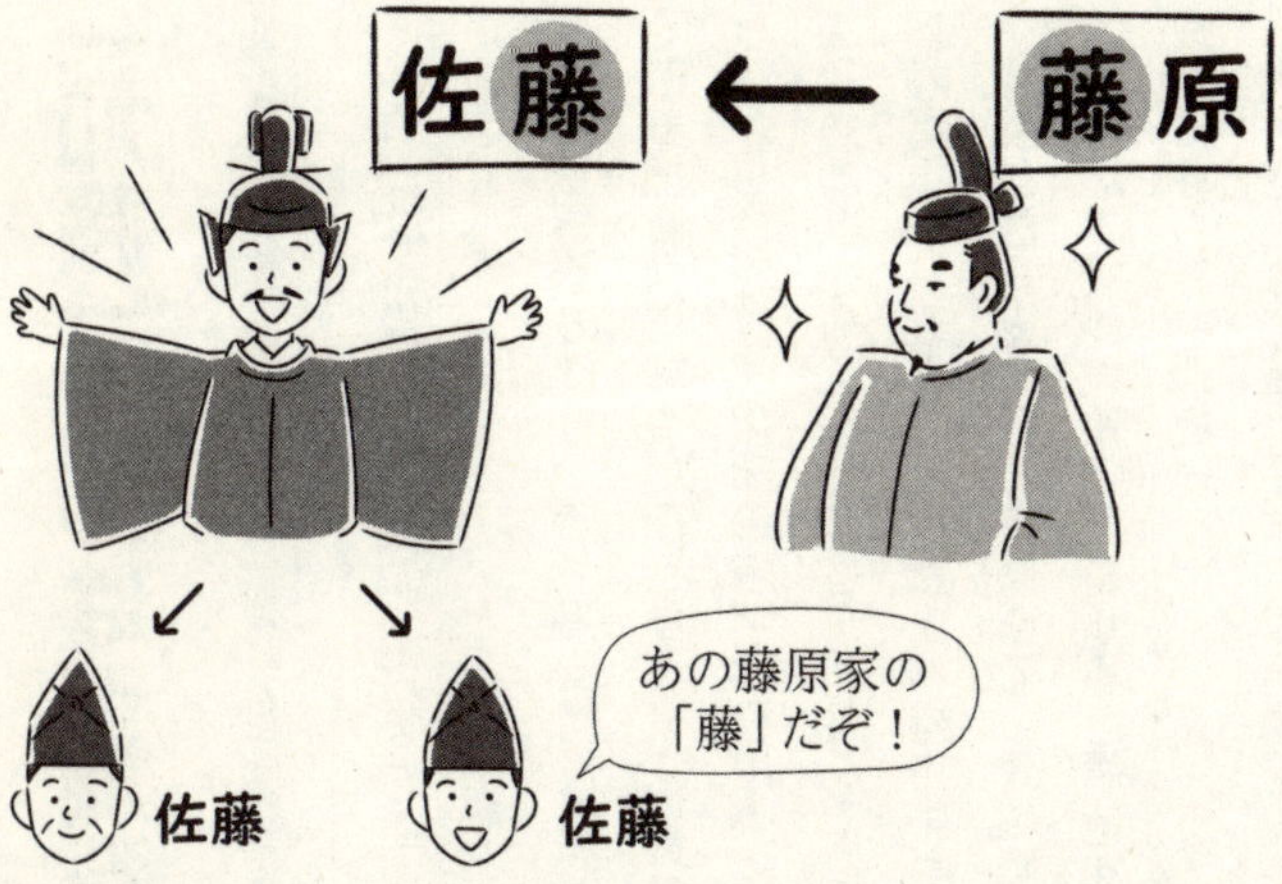

日本一多い名字である「佐藤」もそのひとつだ。

「佐藤」は平安時代の武士である藤原秀郷の流れをくんでおり、子孫に「左衛《さえ》門尉《もんのじょう》」という職につく武官がいたため、佐藤と名乗ったのがはじまりだ。

一方、栃木県佐野市が本拠の藤原氏も地名にちなんで佐藤を使用している。

それにしてもなぜ、これほどまでに佐藤が増えたのだろうか。

それは、佐藤が藤原にあやかった名字であるように、佐藤にあやかって同じ名字をつけた人や、家来に気前よく佐藤姓を授けた武士が多かったからだ。

あまりに身分が高く恐れ多い名前であれば、庶民が同じ名字を名乗ることはできない。大名ほどではない、そこそこの偉さだったのが佐藤姓が拡大した理由なのだ。

「加藤」さんは「加賀の藤原家」

藤原氏は古代から朝廷の一大勢力だったが（34ページ参照）、武士の名字にも大きな影響を与えている。

「加藤」もそのひとつで、平安時代の武士である藤原景道《かげみち》が加賀国（現在の石川県）の地方官僚である加賀介になったことから、「加賀の藤原」を略して加藤を名乗ったといわれている。

しかし今では、加藤の名字は石川県よりも愛知県や岐阜県に圧倒的に多く、特に愛知県には全国でもっとも多くの加藤さんが住んでいる。熊本城を築城して初代熊本藩主となった戦国武将の加藤清正も、現在の岐阜県名古屋市中村区に生まれている。

加藤氏は景道の孫の景廉《かげかど》まで3代にわたって鎌倉御家人として活躍し、源頼朝の厚い信頼を受けていたのだが、頼朝が没すると領地を失ってしまい、美濃や尾張、伊勢（現在の愛知県、岐阜県）に移っていった。

加藤さんは加賀で生まれ、全国区の名前になっていったのだ。

「伊藤」さんは「伊勢の藤原家」

「加藤」と同じように、藤原氏の末裔として有名なのが「伊藤」さんだ。

こちらの由来は「伊勢の藤原」と「伊豆の藤原」という2つがある。

伊勢を起源とするほうは、藤原秀郷の子孫が伊勢守に任命されたことから「伊藤」と称した。「加賀の藤原」と同じパターンだ。

また、伊豆からはじまったほうは、もともと「木工助《もくのすけ》」という官職を担っていた藤原為憲《ためのり》が「木工助」と「藤原」から「工藤」と名乗った。その後、工藤氏は2つのグループに分かれてひとつは駿河へ、そしてもう一方は伊豆に移った。この伊豆の工藤は、静岡県伊東市に本拠を置いていたことから最初は「伊東」の漢字を使っていた。しかし、平家が没落すると伊勢の勢力が全国に広まり、その頃から「伊藤」と名乗るようになったようだ。家紋は木瓜紋《もっこうもん》を愛用している。

ちなみに、伊勢出身で織田家に仕えた伊藤家は藤紋で、今から400年あまり前に老舗百貨店の松坂屋の前身である「いとう呉服店」を創業している。

「鈴木」さんの先祖は熊野にあり

日本で「佐藤」に次いで2番目に多い「鈴木」の名字のルーツは、和歌山県海南市の藤白神社にある。この神社の境内には鈴木屋敷という建物があり、ここが全国の鈴木さんの宗家にあたるのだ。

そして、どうして「鈴木」という名字がこれだけ多いのかについては、藤白神社がある紀伊半島に息づく熊野信仰が関係している。

熊野信仰とは、和歌山県の熊野三山を中心にした信仰のことだ。熊野本宮大社は平安時代末期から庶民に対して積極的に布教し、そこから鈴木姓が全国に広がっていったとされている。

そもそも鈴木の由来は「すすき」で、これは収穫後の稲わらを田に積み上げたものだ。熊野では、このすすきに農耕の神様が降りてくるとされ、熊野の神職で「すすき」という名字を名乗る者が多かったのである。

やがて、すすきでは発音しにくいので、すずきとなって「鈴木」があて字されたといわれる。

　そのため鈴木姓は、熊野信仰が盛んだった東海、関東、東北に多い。特に三河国（現在の愛知県東部）では、鈴木三郎重善《しげよし》という人物が善阿弥と名乗って熊野の分社を興し、そこにはじまる鈴木の分家は58家もあった。彼らは徳川氏の前身の松平氏に仕え、徳川家康が天下を取ると、一緒に江戸に移って関東で広がっていった。

　また、明治になって「平民苗字必称義務令」で庶民が名字を名乗れるようになった時、農耕の神様に由来する鈴木を名乗りたい農民が多かったことも増えた理由のひとつである。

　ちなみに、藤白神社では「全国鈴木サミット」なるイベントも行われていて、2013年の第7回サミットでは、スズキ自動車の鈴木修会長による基調講演も行われているのだ。

「菅原」さんは多くの名字の生みの親

「菅原」という名字を聞いてまず思い浮かべるのは、〝学問の神様〟として全国の天満宮に祀られている菅原道真だろう。

菅原はスゲという植物が生えている野原のことで、道真の曽祖父である土師古人《はじのふるひと》が大和国添下《そえじも》郡菅原（現在の奈良県奈良市菅原町）にちなんだ「菅原」の姓に改姓したいと願い出て、天武天皇から賜ったのがはじまりだ。

多くの学者を生んだことで知られる菅原家だが、道真が無実の罪で大宰府に流されると、一族は存亡の機に陥った。だが、道真の死後、彼の怨霊を恐れた朝廷によって子孫は都に呼び戻されて要職につき、名字に関してもかなりの数を輩出している。

たとえば、上級貴族の「高辻」「唐橋」「五条」「東坊城（ひがしぼうじょう）」「清岡」「桑原」という6家や、武家の「美作菅氏（みまさかかんし）」がある。

美作菅氏は、美作国（現在の岡山県）に道真の子孫が移り住んだことにはじまり、養子や結婚

で一族が広がっていったもので、「有元」「植月」「江見（えみ）」「鷹取」「原田」「廣戸（ひろと）」「福光」「豊田」「粟井」など数多くの名字が派生している。

岡山県が本籍地の菅直人元総理も美作菅家の末裔とされていて、地元では旧家として有名だ。

また、大名家の「前田」や「久松」なども道真の末裔と称している。

全国の名字ランキングを見ると、「菅原」単独では92位とさほど上位ではないのだが、そこから派生していった名字を合わせると、かなり違った結果になるかもしれない。

ちなみに、東北地方にも「菅」のつく名字は多いのだが、道真との関わりは見られない。スゲ属の植物は全国に分布しているため、地名が由来になっているのではないかと思われる。

「柳生」さんの先祖は菅原道真？

奈良県の北部に柳生という地区があるが、ここは剣豪として名高い柳生十兵衛の出生地だ。

柳生氏は、もともと春日大社の社人だったというが、その後、大和国（現在の奈良県）を支配した興福寺の傘下に入り戦国の世を渡ってきた。

十兵衛の父、柳生宗矩《むねのり》は剣術に優れているだけでなく、徳川将軍家の兵法指南役としても活躍した人物である。

そして、祖父の柳生宗厳《むねよし》もやはり剣術家という剣術一家でありながら、じつは柳生家の祖先をたどると学問の神様として知られる菅原道真に行き当たるというのだ。

菅原道真といえば、子供の頃から特に詩歌の才能が優れていて、学者としての最高位である〝文章《もんじょう》博士《はかせ》〟の称号を得たことでも知られている。また、弓の達人ともいわれるが、剣の腕に関してはあまり聞かない。

だが、そんな道真公の流れをくむ柳生家は、まさに文武両道の血筋なのかもしれない。

「広吉」さんはもともとは「大仏供（だいぶく）」さんだった

東大寺の大仏は奈良のシンボルのひとつだが、かつてこの大仏にまつわるものとして「大仏供（だいぶく）」という名字があった。

大和国には寺社への貢納物をつくる大仏供荘《だいぶっくのしょう》という荘園があり、そこから「大仏供」という姓が興ったのだが、平安時代の末期になると、大仏供一族はその姓のために命を脅かされる事件に巻き込まれてしまう。

それは、平氏と寺社勢力の対立だ。東大寺やその周辺の寺院は時の権力者である平清盛の命によって焼き払われ、荘園も没収されたため、大仏供一族は命からがら逃げ出した。

しかし、名前が大仏供ではすぐに身元が割れてしまう。そこで、漢字を変えて「大福（だいぶく）」と名乗ったのだが、読みが同じだから隠し通せるわけではない。

そこでよくよく考えた末、「大」を「広」、「福」を「吉」と、意味合いのそう遠くない漢字をあてて、「広吉（ひろよし）」と名を変えて身を隠したのだ。

皇族の流れをくむ15の名字

日本の皇族には名字がないが、女性皇族が一般男性と結婚して皇籍を離れる時には夫の名字を名乗る。今上天皇の娘である清子さまが、黒田慶樹《よしき》氏との結婚にともない「黒田清子」と名を変えられたのがその例だ。

では、男性皇族が皇籍を離れる時にはどうするのかというと、その際には賜姓《しせい》が行われる。賜姓とは天皇から姓を与えられることで、古くは葛城王《かずらきのみこ》が与えられた「橘」も下賜されたものだ。

皇室の後継者不足が問題になっている現在では考えられないが、このように姓や名字を与えられて皇族が臣籍に下ったり、一般人になったりするのは昔は珍しいことではなかった（姓と名字の違いについては20ページ参照）。

特に桓武天皇の治下だった805（延暦24）年には、1002人もの皇族が一度に皇籍を離れるということが起こっている。

この時の大量の臣籍降下は、じつは朝廷の台所事情を考えてのものだった。桓武天皇自身もそ

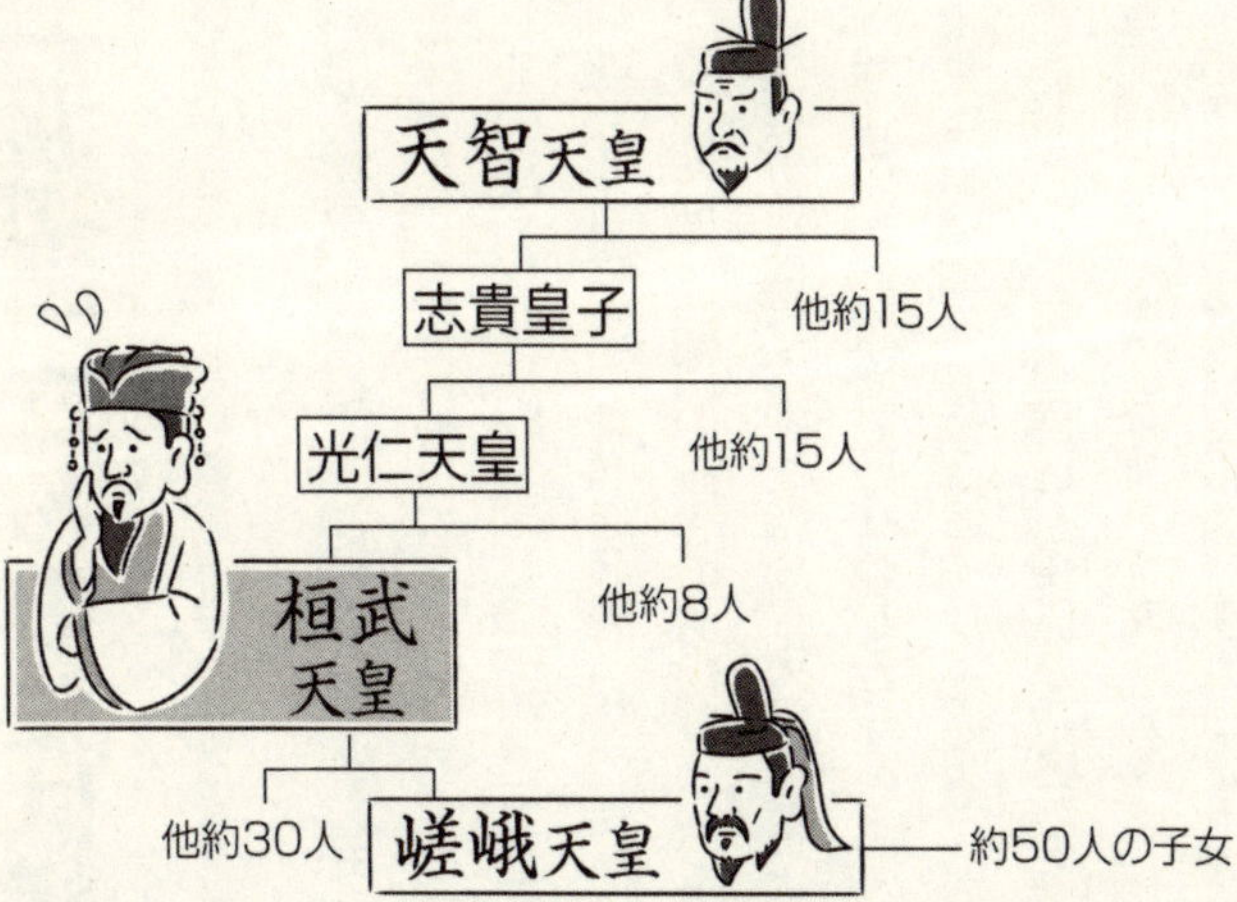

うだが、曽祖父にあたる天智天皇、さらに子にあたる嵯峨天皇なども子だくさんだったため、皇族の数が増えすぎていたのだ。

天皇の兄弟や子供、甥、そしてその妃は全員皇族なので、そのまま増えるに任せておくといずれは財政が破綻しかねない。

そこで、桓武天皇は「三園（みその）」、「近江」、「志賀」、「清海（はるみ）」、「浄額（きよぬか）」、「清岳（きよおか）」、「山科」、「室原」、「春原（はるはら）」、「美海」、「長井」、「岡原」、「豊峯（とよみね）」、「長谷」、「河上」の15種類の姓を与えて皇籍から離脱させた。

この15種類の名字を持つ人は、1200年ばかり早く生まれていれば、もしかしたら皇族としての人生を歩んでいたのかもしれない。

「渡辺」さんの祖は嵯峨天皇？

渡辺篤史、渡辺謙、渡辺直美、渡辺麻友など、芸能人にもさまざまな世代の「渡辺」さんがいるように、渡辺は名字ランキングでトップ10に入るメジャーな名字だ。

そのルーツは大阪にある。現在の大阪市北部にあった摂津国西成郡渡辺という地区に源 融《みなもとのとおる》の子孫が移り住み、地名を名乗ったのがはじまりだ。

渡辺とは「淀川の渡しのあたり」、つまり、渡し船があった天満あたりの入り江のことで、ここは京都と瀬戸内海を結ぶ最大の港だった。

渡辺の名は大阪では特別な存在のようで、「中央区久太郎町4丁目渡辺」という住所がある。本来なら番地が入るところが「渡辺」になっているのだ。

これは、大阪市南区と東区が統合して中央区になる時に、渡辺の地名が消えることになり、東区渡辺にあった坐摩《いかすり》神社の宮司が働きかけて名前を残してもらったとか。

全国にいる渡辺さんは、この旧淀川の渡しのあたり一帯が発祥の地になっている。

「吉備（きび）」さんの祖先は桃太郎？

吉備といえば、現在の岡山県全域と広島県、香川県、兵庫県の一部にまたがる古代の一大勢力で、「吉備」という名字もここからはじまっている。

この名字を最初に名乗ったのは、朝廷からこの地に派遣されてきた第7代孝霊天皇の子の吉備《きび》津彦命《つのひこのみこと》だとされている。

伝承によると、吉備津彦命が派遣されたのは温羅《うら》という支配者を退治するためだった。温羅は「鬼神」という異名を持ち、吉備高原の南端にある鬼ノ城を拠点とする悪者で、吉備の人々を苦しめていたというのだ。

そう、このストーリーは昔話の『桃太郎』そのものだ。吉備津彦命が温羅を退治したという話が、桃太郎伝説として現在にも語り継がれているのだ。現在も岡山市にある吉備津神社には吉備津彦命が祭神として祀られている。

吉備さんの祖は、桃太郎のモデルだったのである。

多くの人のご先祖になる？　源氏と平氏

名字のルーツをたどっていくと、「源氏」か「平氏」のどちらかに行き着くことが少なくない。そもそもこの2つの名字は、天皇家につらなる人物が皇族を離れる際に天皇から賜った名字である。

源氏のはじまりは、814（弘仁5）年に嵯峨天皇の皇子が「源」の姓を賜ったことにある。源氏にはいろいろな系統があるが、この源氏は「嵯峨源氏」といわれ、嵯峨天皇にルーツがあるという意味になる。武家の基礎を築き、その子孫を多く残している「清和源氏」は、清和天皇の孫の経基《つねもと》が「源」を賜って皇族を離れたのがはじまりだ。

一方の平氏は、源氏誕生の少しあとの825（天長2）年に桓武天皇の子孫が「平」を賜ったのがはじまりである。

「平」の由来については、平安京からとったのではないかという説がある。つまり、源氏も平氏も天皇家にルーツがある元皇族というわけだ。

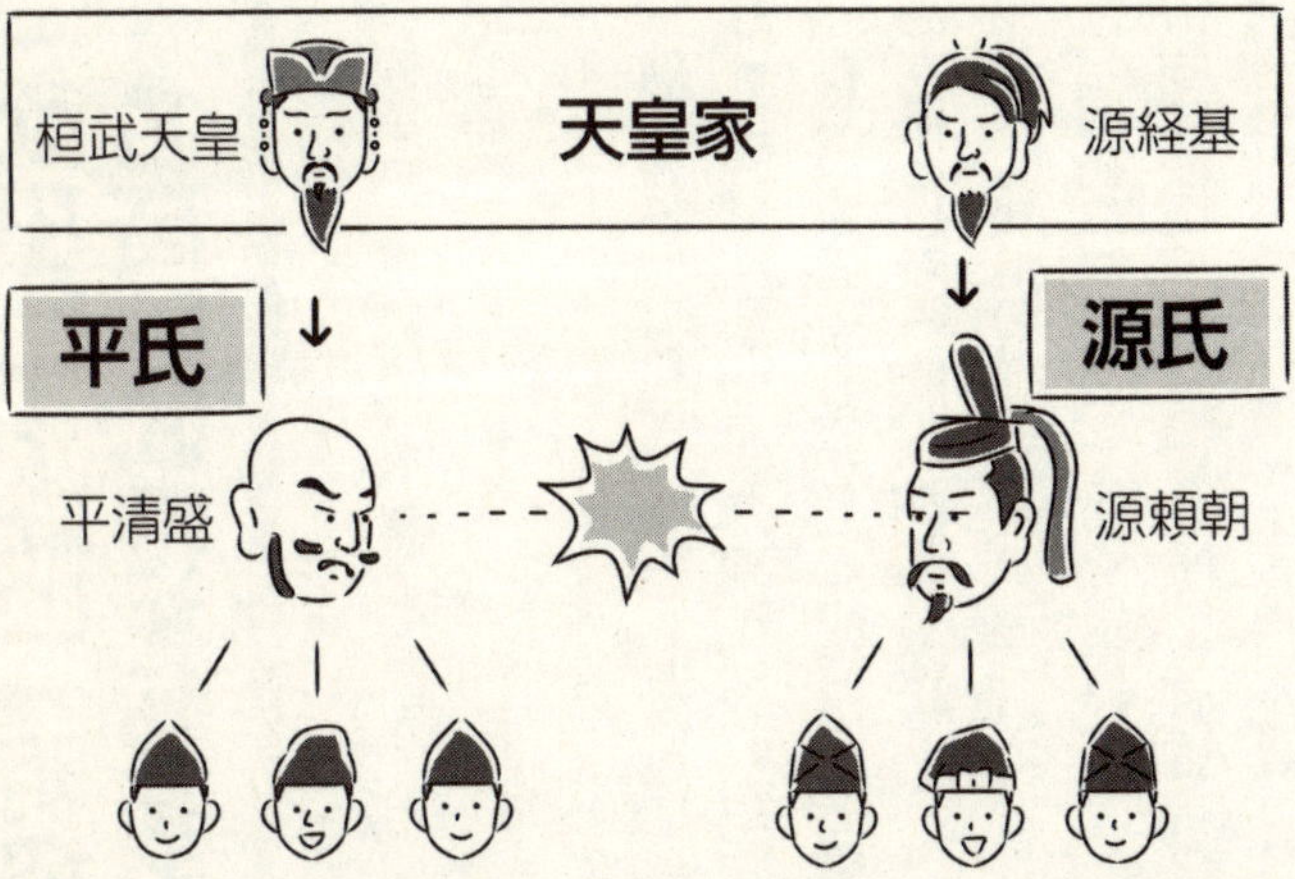

しかし、戦国時代になると「源氏」「平氏」という名字を利用する者がたくさん出てきた。

成り上がってきた武士の中には、武家のブランドである「清和源氏の子孫」だと自称する武士も多かったのだ。

たとえば、徳川家康は清和源氏の子孫であるとして「源」姓を名乗ったが、じつはそうではなく、家系図を書き換えたのが真相だといわれている。

豊臣秀吉にしても「平」姓を名乗った時期があったが、農民かさらに下の階層の出身ではないかとされている秀吉が実際に平氏の系統である可能性は低い。

こうした状況で源氏や平氏の子孫を名乗る家が増えたが、すべてが正統な子孫というわけではないのである。

「武田」「土岐」「明智」「足利」など名高い武将を数多く輩出した清和源氏

「武田」、「土岐」、「明智」、「足利」といえば、日本史の各時代の主役もしくは準主役級の人々が持つ名字である。

じつは、これらの家系をさかのぼると、すべて清和源氏にたどり着く。

清和源氏は清和天皇の孫である源経基《つねもと》が祖で、二十一流ある源氏の系統の中でもっとも栄えた系統だ。源経基の子は源満仲《みつなか》で、その長男の頼光《よりみつ》と三男の頼信《よりのぶ》から続々と武将が誕生している。

長男の頼光の子孫をたどっていくと美濃国に栄えた軍事貴族の土岐氏に行き当たり、さらにその支流として明智氏が登場する。

そして頼信のほうをたどっていくと、甲斐源氏の宗家として武田氏や、室町時代の天下人となる足利氏につながっていくのだ。

ちなみに、鎌倉幕府を開いた源頼朝やその弟の義経は、頼信の直系の子孫だ。

清和源氏は、日本史上名高い武将たちの源流なのである。

瀬戸内海を制した「村上」さんのルーツも清和源氏

「村上」さんも前出の「武田」さんなどと同様に、さかのぼれば清和源氏の流れをくむといわれる。かつては瀬戸内海の覇権を握り、織田信長と戦って勝利を収めた村上氏は、伊予村上氏といい、本流は〝海なし県〟の長野県の信濃村上氏にある。

信濃村上氏は、一説には河内源氏の源顕清《あききよ》からはじまっているという。

河内源氏は清和源氏の流れをくむ一族で、顕清は父や兄らと白河上皇に仕えていたのだが、兄の惟清《これきよ》が上皇を呪詛したかどで都を追放される。その時に、顕清は信濃国（現在の長野県）埴科郡村上郷に流され、村上顕清を名乗ったのがはじまりとされている。

さらに、顕清の三男が備後国（現在の広島県）の土地を管理するために因島に移住し、伊予村上氏の祖となった。だから、どちらの村上家も元をたどれば清和源氏の子孫ということになる。

室町時代になって、彼らが幕府から瀬戸内海の警備を任されるようになったのが村上水軍のはじまりだ。そのため、瀬戸内海に面した県には村上さんが多いのだ。

「佐々木」さんのルーツは近江源氏

「佐々木」さんの名字の発祥は、滋賀県近江八幡市にある沙沙貴《ささき》神社（沙沙木大明神）だ。

言い伝えによると、ここには少彦名神《すくなびこなのかみ》がササゲという豆の鞘に乗って海を渡って来たといい、そこからササキ神社がはじまったのだとか。

また、古代、ここには豪族の沙沙貴《ささき》山君《やまのきみ》がおり、そこから佐々木という地名がついたともいわれている。

そして時代が下り、そこに宇多天皇につながる宇多源氏、源成頼の子孫が移り住んで佐々木を名乗った。この一族を近江源氏という。

近江源氏は平治の乱で敗れて一度は関東に落ちたが、源頼朝の伊豆挙兵で戦功をあげて20年後に近江に戻り、守護として近江一国を支配して繁栄した一族だ。

そのため、ここから多くの佐々木家が全国各地に広まった。いわば沙沙貴神社は、全国70万人の佐々木さんの氏神というわけだ。

「小松」さんのご先祖は桓武平氏？

6年間もの長きにわたって繰り広げられた源平合戦は、平氏の滅亡で終わったが、その時に生き残った平氏一門は俗に〝平家の落人〟と呼ばれる。

この平家の落人が落ち伸びて、わが村にやってきたという伝説は全国にある。

そのひとつが、土佐国安芸郡（現在の高知県安芸市）に平維盛《これもり》が逃れて身を潜め、その子孫が「小松」を名乗ったという話だ。

維盛は「小松殿」という通称を持っていた平重盛の嫡男だったので、それにちなんで小松を名乗った。自分たちは桓武平氏の出であると称したのだ。

その後、小松家はこの地で繁栄したため、今では安芸市には多くの小松さんがいる。

しかし、平維盛は動乱のなか、那智の沖で入水自殺していることから、高知に残る話は伝説の域を出ないのだが、このような平家落人伝説は全国のどこにでもあり、平家谷や平家の里、平家塚などの地名としても残っている。

「里見」「山名」「世良田」「額戸」さんは新田一族から生まれた

源平の時代が終わり、鎌倉時代に入ってからは、名字の種類が増えていった。

その理由に、武家の分割相続がある。たとえば上野国《こうずけのくに》（現在の群馬県）の新田氏もその一例だ。

新田氏は清和源氏の家系で、最初に新田を名乗ったのは〝八幡太郎〟の通称で知られる源義家の孫の義重である。義重は、浅間山の噴火で壊滅的な被害にあった新田を再開発する。そして、新田荘を所領して新田を称したのだが、その荘園はとにかく広大だった。現在の群馬県太田市全域に加え、桐生市、みどり市、伊勢崎市、埼玉県深谷市の一部も義重が所領したのだ。まさに大地主である。そのため、分割する土地はいくらでもあった。

その後、義重が亡くなると、「新田」は三男が継ぎ、他の子供は分家してそれぞれに土地を相続して領主となり、長男は「里見」、次男は「山名」、四男は「世良田（せらだ）」、五男は「額戸（ごうど）」と名乗った。また、世良田家からは得川郷の「得川」家が分立しているのだが、「徳川」や「松平」はこの系譜につながっているという。

「今川」さんは足利将軍家につながる「天下一苗字」

日本では、結婚をすると今でも夫の名字を名乗るケースがほとんどなので、男子が多い家の名字は自然に数が増えていく。「渡辺」さんや「佐々木」さんのように発祥地が1カ所とわかっている名字（46、52ページ参照）でも、今では全国に分布している。

しかし、なかには跡継ぎ以外に名字を名乗らせなかったケースもある。そのひとつが室町時代の「今川」だ。

今川さんのルーツは三河国幡豆《はず》郡今川庄（現在の愛知県西尾市）にあり、足利将軍家の一族が住んで今川を名乗ったのがはじまりだ。

幕府への忠誠心が強かった今川氏は、その功績として将軍から「天下一苗字」が与えられる。

これは、跡継ぎだけが今川の姓を名乗ることができ、どんなに男子が生まれても跡継ぎでなければ今川を名乗れないという、ちょっと不思議な恩賞なのだ。

そんな歴史があったため、今でも今川という名字は意外と少ないのである。

「織田」さんは劔神社の神官一族だった

織田といえば、戦国時代に天下を統一に導いた織田信長がすぐに思い浮かぶという人が多いだろう。近年では、フィギュアスケートの解説でおなじみの織田信成氏も有名だ。

信長の出身地といえば尾張国（現在の愛知県）だが、織田一族のルーツは、じつは北陸の福井県にある。

現在の丹生《にゅう》郡越前町織田という地区にはかつて織田荘があり、織田氏はここの荘官で、その子孫は代々、劔《つるぎ》神社の神官を務めていたという。

それが織田の本家で、信長の家はここから分かれた支流にあたるのだが、信長が家督争いで勝ち上がり本流となった。

そんなことから信長は劔神社を氏神と崇めていて、境内には「織田一族発祥の地」の碑が立ち、御朱印帖のデザインも信長の家紋である木瓜紋《もっこうもん》になっている。

だが、ご存知のように信長は明智光秀に襲撃されて本能寺で自害し、跡継ぎの信忠も同じ時に

亡くなっている。残されたのは信忠の子で3歳の秀信だけだったが、間もなく病気で亡くなり、子孫は断絶してしまった。

とはいえ、信長の次男の信雄など直系以外の織田家は山形県や兵庫県で廃藩置県まで藩主を務めていて、その血統が現在にまで続いている。

ちなみに、信長は自身を桓武平氏の末裔だと自称し、「平」を名乗っていたことがある。

これは、武家政権は源氏と平氏が順番に交代するという源平交代思想を信じていたからだという。豊臣秀吉が「平」を、徳川家康が「源」を名乗ったというのも、同じ理由だと思われる。

信長には、ほかにも藤原氏出身説や忌部氏出身説などもあるが、おそらく平氏とは無関係だとの説が有力だ。

「松平」さんに比べて「徳川」さんがめったにいない理由

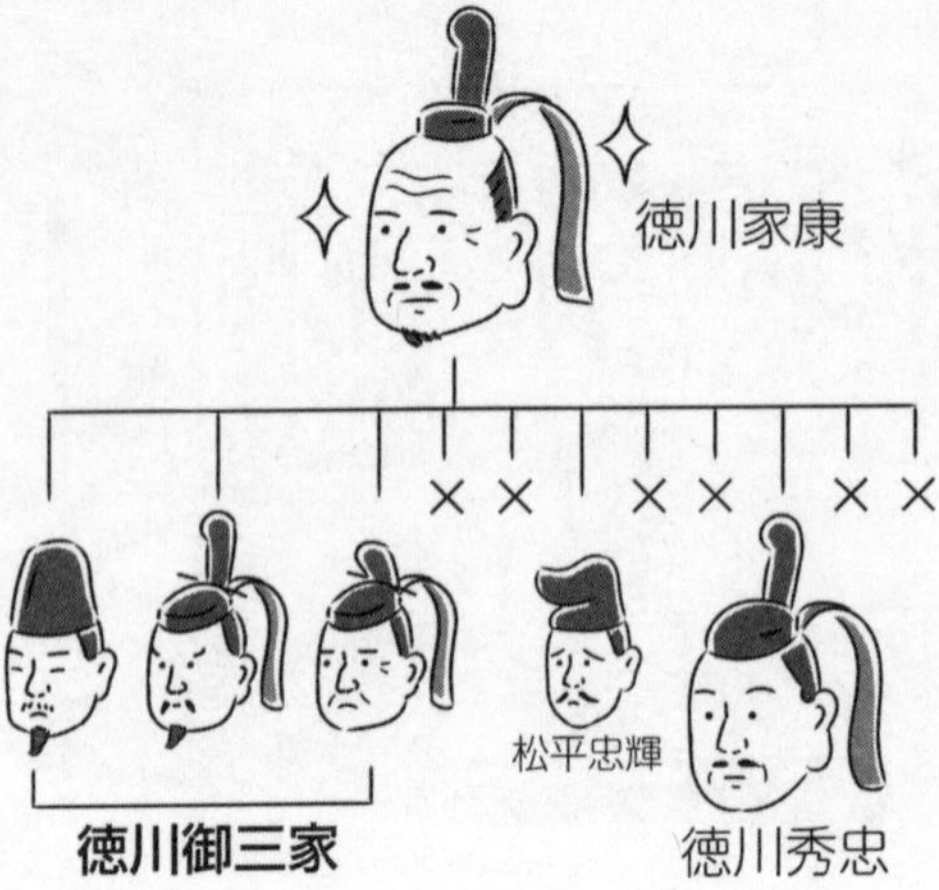

初代征夷大将軍の家康から第15代の慶喜まで、江戸幕府のトップは300年の長きにわたって徳川家が世襲してきた。

しかし、その割に少ないのが「徳川」という名字である。

徳川という名字は家康が創設したもので、それまでの家康はご存知の通り「松平」を名乗っていた。

家康には11人の子供がいたが、家康の存命中に次々と亡くなり、男子で残ったのは三男の秀忠と六男の忠輝、そして九男の義直、10番目の頼宣、11番目の頼房だけになってしまった。

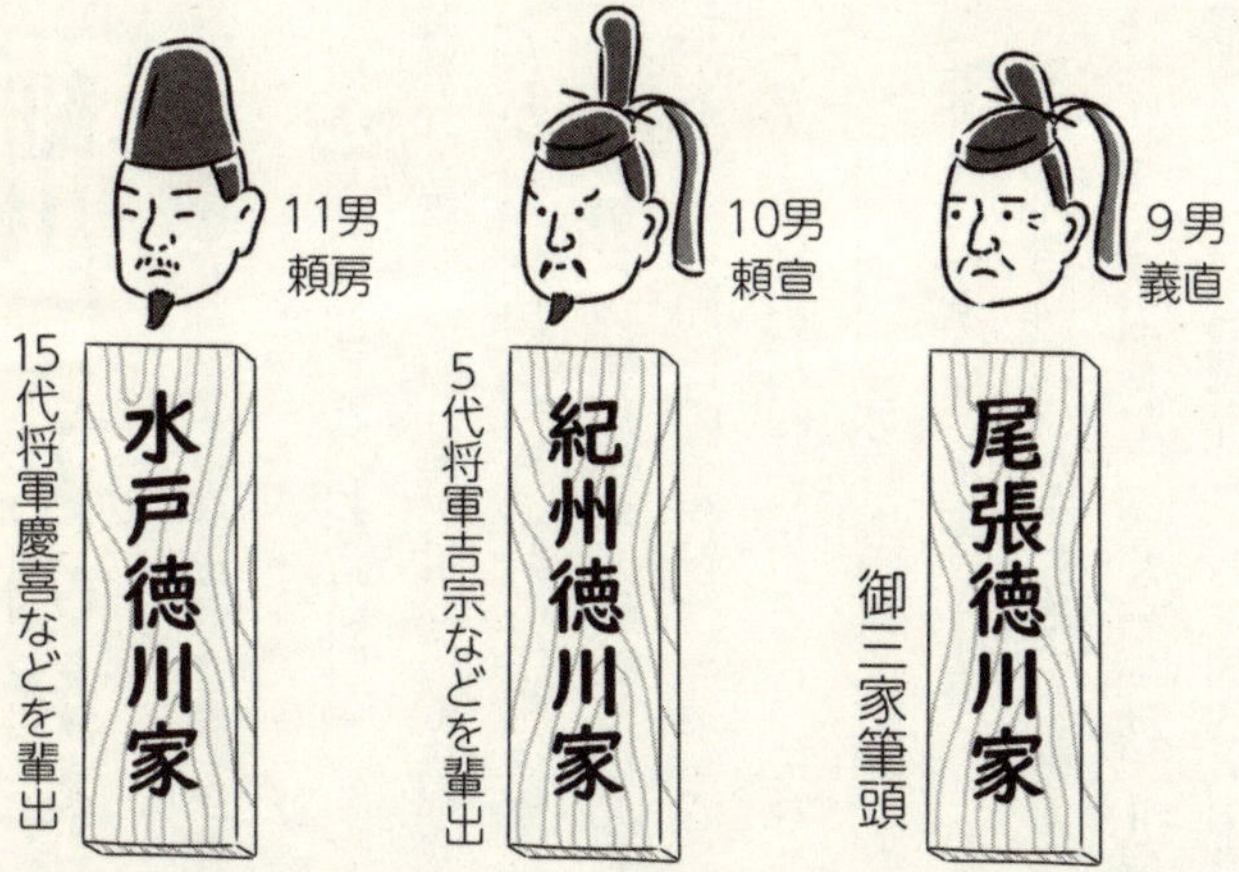

そこで、家康は三男を徳川宗家の跡継ぎに、そして9、10、11番目の息子にはそれぞれ尾張徳川家、紀州徳川家、水戸徳川家を興したのだ。いわゆる徳川御三家のはじまりである。

御三家には、徳川宗家に跡継ぎがなくなった時のためのバックアップ的な役割があったのだが、徳川家ではその名字を宗家と御三家の当主にしか名乗らせなかった。

そして、跡継ぎ以外の男子には片っ端から「松平」の名字を与えたのだ。

それだけではない。徳川幕府は幕府への貢献度が高かった大名や、関ヶ原の戦いのあとに徳川家に仕えた外様《とざま》大名に松平の名字を大盤振る舞いした。

だから、松平は次々に増えても、徳川の名字が増えることはなかったのである。

#「細川」さんの発祥は愛知県

日本でもっとも有名な「細川」さんといえば、旧熊本藩主の細川家だろう。18代当主は細川護熙《もりひろ》元総理で、就任当時は「お殿様が総理大臣になった!」と話題になった。

しかし、細川という名字の由来は熊本県ではなく、愛知県にあるという。

かつての三河国額田郡（現在の愛知県岡崎市）には細川町という場所があるが、ここに清和源氏の名門、足利氏の子孫が住み込んで名乗ったのが細川だ。

この土地が細川といわれるようになったのは、そこに流れていた小さな細い川に由来しているという。三河の宗家はそう長くは続かなかったためにあまり知られていないが、岡崎市には細川城址の石碑がある。また、その近くにある蓮性院《れんしょういん》は細川家の菩提寺で、細川元総理も訪れたとか。

だが、江戸時代になって細川忠興の三男の忠利が藩主として熊本に入り、幕末まで237年間にわたって統治したことから「細川＝熊本」になった。そして、熊本藩主の居城だった熊本城は修理中ながらも現存し、今も国内外の多くの人々に愛されている。

「秦（はた）」「多胡（たご）」さんのルーツは渡来人

「はた」と読む「秦」という字は、大昔に大陸から日本に移住して帰化した渡来人の氏族だ。最初に日本に来たのは、秦の始皇帝の末裔だと語る弓月君《ゆづきのきみ》だ。弓月君は、朝鮮半島の百済から一国のほとんどの民を引き連れて来朝したという。

なぜ「秦」の字を「はた」と読むかというと、彼らが優れた養蚕とはた織りの技術を持っていたからだ。つまり、はた織りの「はた」が語源になっているとされている。

はたと読む名字には、ほかにも「波田」や「波多」と書く名字もあるが、ルーツは秦と同じと考えられている。九州の大分県には「秦」をそのまま「しん」と読む名字もある。

また、「多胡（たご）」という名字も、渡来人に関係のある名字だ。多は「多い」、胡は「胡人」を表し、外国人のことを指す。つまり、「外国人の多くいる」という意味になるわけだ。

彼らは日本にやってきて村をつくり、その文化や技術を継承していったのである。

「村主（すぐり）」さんは渡来人の長

元フィギュアスケート選手の村主章枝《ふみえ》さんを知って、初めて「村主」を「すぐり」と読めるようになったという人は多いだろう。それほど村主は難読名字だ。

この村主氏は秦氏（61ページ参照）などと同じく、渡来人と関係している。

古代の朝廷が渡来人の集団のリーダーに与えたのが、村の長を表す「すぐり」という姓だった。

渡来人の村の長ということは、村主氏は秦氏の末裔に連なると考えられる。

なぜ、村主をすぐりと読むかについては、朝鮮語では村を「スキ」、主を「ニリム」というので、それが語源となっているのではないかとされている。

また、「勝」と書いてすぐりと読む勝氏もいたが、こちらは氏族の優位性をアピールするためのあて字だという。ちなみに、「川勝」氏も氏族のひとつだが、こちらは川の近くを拠点にしていた村の長で、京都最古の寺である広隆寺を建てた秦河勝《はたのかわかつ》の末裔だと伝えられている。

現在でも、川勝さんの7割が京都府や大阪府、兵庫県に暮らしているという。

[redacted]

摩訶不思議な
名字の由来

●場所に由来する名字●

山のふもとに住み神官を務めていた「山本」「山元」さん

山だらけの日本には全国各地に山のつく名字が多いのだが、なかでもその数が圧倒的に多いのは「山本」さんである。

それは、山の中や山の上よりも、山のふもとのほうが住むのに適していたというしごく当たり前の理由からだ。

古代の日本人は農耕民族として暮らしており、平地は田園として作物を耕すのに利用し、住むのは山のふもとの土地というパターンが多かった。また、かつて山に住んでいた人が「もとは山の住人」という意味で「山本」を名乗ることもあった。

地形が由来とはいっても、山本さんはただ者ではない。彼らは神を祀る役割を持った一族として、代々神事などを執り行ってきた、いわゆる神官である。

日本には自然界の万物に神が宿るという宗教観があった。そのなかでも、山は神が下りてくる場所として特に神聖な存在だったのだ。

「山本」や「山元」は神聖な山のふもとに住み、神官の役割をする人たちが代々名乗ってきた名字なのである。

古代の日本では、神官というのは大きな力を持つ存在だったことから、地域の中でもリーダー的役割を担うようになった。そし、彼らは近隣に住む人々にも自分たちと同じ姓を名乗らせて、威勢をアピールしたのである。

ちなみに、山本と山元の違いはというと、おおむね発祥した地域によって分かれているようである。東日本は山本、西日本は山元が多い。

なかでも、山元は九州地方に特に多い。そのルーツは、西郷隆盛が仕えた薩摩藩主である島津家の家臣で、桓武天皇の子孫とされる桓武平氏だといわれている。

「村」がつく名字の中心は「中村」さん

「中村」は文字通り、多くの集落の中で中心となる集落を指す地名からつけられた名字だ。こういった村はあちらこちらにあるため、どこが発祥地か特定はできない。なんといっても日本の地名でいちばん多いのは中村だともいわれているほどで、実際に鹿児島県ではもっとも多い名字だ。

このように「村」を使った名字は、村の成り立ちに関わりがある。

新しくできた村に住む人は「新村」や「今村」となり、もともとあった村の人は「本村」を名乗った。新しい村の住人であっても、リーダーは「新村」ではなく「中村」を使うこともあったようだ。

また、中村を中心とした方位も用いられた。中村から見て東にある村は「東村」、西は「西村」、南は「南村」、北は「北村」といった具合だ。

「奥村」「下村」「外村」なども同様に村の位置関係を表している。

あるいは、村の特徴を示した名字もある。杉がたくさん生えている村は「杉村」だし、松が多ければ「松村」、川沿いにあるなら「川村」となるわけである。

●場所に由来する名字●

「田中」さんは村のリーダーだった

日本の名字は地名に由来するものがもっとも多く、次が地形由来のものだが、その地形由来の名字の代表格といえば「田中」である。

意味としては「田んぼの真ん中に住んでいたから田中さん」ということになるが、厳密にいうと田んぼの中に定住する「田居中」が省略されて「田中」になったものだ。

江戸時代以前の日本において、田んぼはもっとも重要な財産だった。田中はその所有者を表す意味で誕生し、時には村のリーダー的存在を表すこともあった。

地形が由来なので全国各地で自然発生的に増加したが、どちらかといえば西日本のほうが多い。

それは、発祥が現在の奈良県橿原《かしはら》市田中町で、第8代孝元天皇の流れをくむ武内宿禰《すくね》が田中を名乗ったのがはじまりという経緯があるからだろう。

そのため名字としての歴史も古く、意外なところでは戦国時代の茶人として名高い千利休も本名は〝田中与四郎〟である。

「前田」さんは多くの田んぼを持っている人

瑞穂の国・日本には、当然のことながら田んぼが多い。

となると、田んぼにちなんだ名字も多くなるのだが、「前田」さんもそのひとつだ。

読んで字のごとく、田んぼの前に住んでいたのが前田さんなのだが、「前多」、「前佃」、「米田」などという漢字をあてることがある。

その中でも、前佃さんには「自分の田んぼの前に住んでいる」という意味が込められているのだという。つまり、田んぼを持っているほど裕福だということだ。

佃という漢字の部首は「つつみがまえ」で、内側にある「田」をつつんでいる形になっている。これが、「自分の田んぼを囲んでいる」という様を表しているのである。

あえて簡単な田ではなく、ちょっと特殊な漢字をあてているところは、こだわりを感じさせる。

前佃さんには田んぼを自分で持つことができる、わりと裕福なご先祖様がいたということになるかもしれない。

•場所に由来する名字•

「吉田」さんが持っているのは良い田んぼ？

北は北海道から南は九州まで、全国各地にまんべんなくいるのが「吉田」さんである。有名人を見てもミュージシャンの吉田拓郎や吉田美和、女優の吉田羊、俳優の吉田栄作氏など、吉田さんは多い。

しかし、その源流をたどってみてもルーツになった有力な武士などは見当たらない。そのため、さまざまな土地の地名から発生したものだと考えられている。

その由来は「良い田」の意味から「吉田」になった場合と、葦がたくさん生えている場所である葦田《あしだ》に由来し、あしだ＝悪し田ではあまりイメージがよくないので「吉田」となった場合があるという。

また、『徒然草』で知られる吉田兼好の本名は〝卜部（うらべ）兼好〟で、亀の甲羅で占いを行った一族である。この卜部氏から京都の吉田山にある吉田神社の神職を務める人が現れ、兼好はこの吉田神社に関わる一族だったことから〝吉田兼好〟と名乗るようになったといわれる。

高低差にもこだわりたい「田」のつく名字

山が多く平地が少ない日本では、作物を作るのも一苦労だったし、どんな土地に田や畑を作るかというのも村の住人同士の力関係に左右された。

「田」のつく名字は、田んぼに関係しているのが基本だと前述したが、「塚田」や「窪田」には面白い対比関係がある。

塚という漢字は、土を盛り上げた地形のことを指す。貝塚や一里塚などという言葉からもイメージできるだろう。一方、窪は〝窪地〟という名称からもわかるように、周囲よりも低い地形を指している。つまり、「塚田」は高いところにある田んぼで、「窪田」は低いところにある田んぼを示しているのである。

県全体に盆地が多い長野県では、土地の高低差も多く、高いところの田んぼを持つ「塚田」という名字が多い。また、低い土地というのはあまりいいイメージがないために、「窪」を「久保」と変えた名字も多いのだという。

●場所に由来する名字●

「河内」「南出」「田中丸」「上河内」「下河内」さんは新田のパイオニアだった

日本人の暮らしに米は欠かせないものだ。田んぼは生きる糧であり、貴重な財産でもある。米を育てる農民たちと同様、その土地を治める支配者たちにとっても、より多くの田んぼを持っていることが確実な経済基盤となっていた。

そのため、山林や荒れ地を切り拓き、治水対策を施したうえで新しい田んぼが次々につくられていった。

新しくつくられた田んぼは、「新田」と呼ばれたのだが、地域によってその名前が違っているのが面白い。

北陸地方では「出」、九州地方では「丸」、広島県の安芸地方では「河内《こうち》」と呼ばれ、南の方にある「南出」、田中さんが耕した「田中丸」、「上河内」「下河内」など、多くの珍しい名字となって現在まで引き継がれている。

「沼田」といってもいわゆる沼ではない

「沼田」と聞けば、ご先祖は沼のそばに住んでいたのかと推察できるが、「沼田」姓の由来となった沼は、現在イメージする沼とは少々違っている。

沼にはもともと、「ぬるぬるしたところ」という意味があった。そのため、水をたたえた沼だけではなく、湿地や泥の多い地形、田んぼなどのぬかるんだところにも「沼」という地名がつけられている。

とりたてて特殊な地形とはいえないため、全国各地に沼田という地名はあるが、「沼」の字には、「奴間」「河間」「池」など、さまざまな漢字が使われている。

しかも、それぞれが名字として使われているため、バラエティ豊かなヌマタさんがいるうえに、読み方を「ぬた」としているケースもある。

共通しているのは、漢字そのものよりも「ヌマ」「ヌ」という音に意味があるということだろう。

•場所に由来する名字•

「荒木」さんは荒れた土地を開拓した人

「荒木」さんは荒れた土地に住んでいた人たちかと思ってしまいそうだが、そうではない。

荒木は「荒木田（あらきた）」から派生した名字で、「新しい田」からきているものだ。

米の収穫高がそのまま地域の経済基盤となった近世の日本では、荒れ地だったところを開拓して、新しい田んぼを作ることは地域の重要な施策だった。

「荒木」を名乗った人々は、荒れた土地で木を切り、土地を耕し、米を育てられる豊穣の地に変えて、食料確保と藩の財政安定に貢献した開拓の雄だったのである。

「畔蒜（あびる）」は田んぼの周りのこと

「あびる」は、全国的にも珍しい名字のひとつだ。タレントや作家などにも見られる名字だが、「畔蒜」「阿比留」など、あてる漢字はさまざまだ。

じつは、それぞれの漢字の持つ意味から「あびる」姓の由来は推察できる。なかでも難しい漢字をあてるのが「畔蒜」で、畔は田んぼの畔道の畔、蒜は田んぼに自生している植物のことである。つまり、畔蒜とは田んぼの周りにつけられた地名なのだ。

畔蒜は、現在の千葉県小櫃《おびつ》川上流一帯で発祥した。上総国《かずさのくに》畔蒜郡と呼ばれていた一帯に住む人々に使われていた名字で、地名が消滅した今でも名字だけがそのまま使われている。

彼らが国守として長崎県の対馬に渡り、のちに名乗ったのが「阿比留」という名字だといわれている。対馬では阿比留はメジャーな名字のひとつで、そのルーツは平安時代までさかのぼることができる。交易などを握っていた阿比留一族は、鎌倉時代に宗《そう》氏に支配権を奪われるまで対馬で勢力を振るったといわれ、その子孫たちが今も対馬に多く暮らしているのだ。

•場所に由来する名字•

人々の命の田を必死に守った「雄（おんどり）」さん

昔の百姓たちの暮らしに重くのしかかっていたのが、年貢である。作付けしている田んぼの大きさによって、納めなければならない米の石高は決められていた。

米作りは天候にも左右されるうえ、予定通り収穫できたとしても定められた石高を納めるのはけっして楽なことではなかった。

そこで、申告していない田んぼをこっそりと耕す者が現れた。その田んぼのことを「隠田《おんでん》」と呼ぶ。

隠田は、時に落ち武者や貧しい百姓の集落となって山の奥深くに開かれていった。しかし、隠田という呼称では、それが田んぼであることがわかってしまう。そのため、いくつかの別称が生まれたが、その中のひとつが「雄（おんどり）」なのだ。

それに由来する「雄」という名字は、昔の人々が苦しい暮らしの中で考え出した生きる術を今に伝える名字なのである。

「池井」「関口」「溝口」「海老」……川にまつわるバラエティ豊かな名字

水は古来、人々の生活の中心にあった。生きるためには水が必要であり、安定した水利用を行うために治水技術が発達してきた。

大小の川が多い日本では、川の水をいかに利用するかが常に重要な問題だった。そのため、水利のポイントとなるような地域には、それがわかるような地名がつけられ、さらにはそこに住む人々がそれを名字として使ったのである。

そんな日本人と川の関係の深さを表すように、名字の種類も多い。

水道設備がない時代であっても、川からつながる池や沼が地域住民たちの水くみ場として利用されていた。「池井」や「沼井」はそれに由来する名字だ。

ちなみに、「井伊」や「伊井」も、同じように井にちなむ名字だ。こちらは井を「いい」と伸ばして発音し、これらの漢字をあてたのである。

やがて治水技術が発達すると、川に取水のための堰が造られるようになる。堰に由来するのが

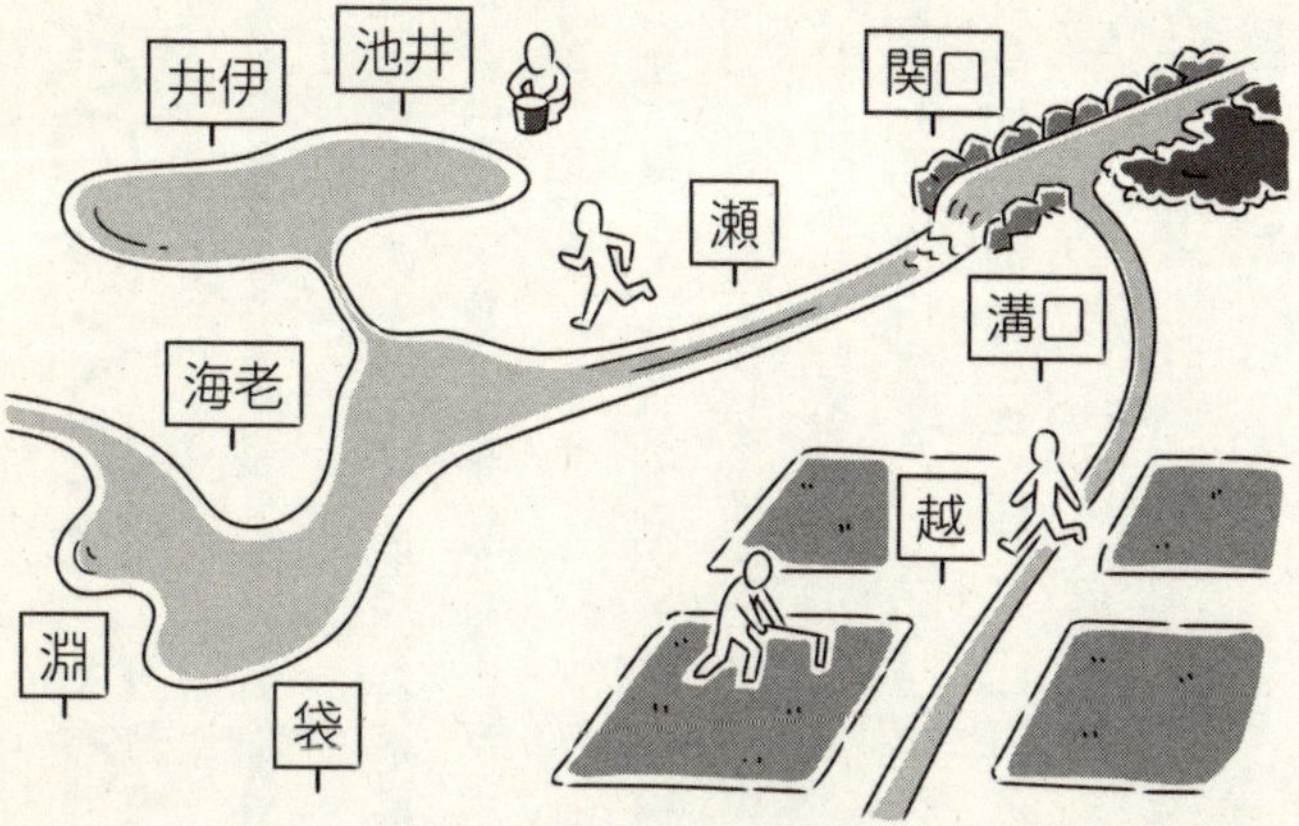

「関口」や「関川」だ。

農耕を支える要所である水田に水を引く用水路は、溝と呼ばれる。

川から溝を引く入り口付近のことは「溝口」で、その周辺の地域は「溝辺」「溝部」と呼ばれた。

また、川の周辺には、そのあたりの川の流れの様子を表す地名があり、それらに由来している名字も多い。

川が蛇行してふくらんだあたりは「袋」、曲がった部分は「海老」、浅くて流れが速いところは「瀬」、歩いて越せるところは「越」、流れが遅くて水がよどんでいるあたりは「淵」、河川敷は「河原」「川原」と呼ばれた。これらの漢字をあてた名字が数多く生まれているのを見ると、日本人と川の関係の深さがよくわかる。

水の近くに住んでいた「井上」さん

「井上」さんの「井」は、前項で見たように水くみ場を意味している。現在は井戸や泉、池などそれぞれ区別されているが、井はこうした清水がくめる場所すべてを指す言葉だった。

「井上」は、そんな井の周辺に住んでいた人たちが名乗った名字である。もっとも、名字よりも地名のほうが先にあったようだ。井そのものや井がある土地には、しばしば井上の名がつけられた。

人が生きていくうえで、水は必要不可欠だ。そのせいか井は神聖な場所とされ、今でも井上という土地には神社が多く建てられている。

井上は全国に見られる名だが、もっとも繁栄した一族は長野県須坂市をルーツとする井上氏である。須坂市周辺で大きな勢力を持った井上太郎光盛は、平家を破った武将として『平家物語』にも登場している。

•場所に由来する名字•

「助川」さんのスケとは魚の鮭のこと

「助川」は、助川という名の川から生まれた名字である。

一見すると、単純にその川のそばに住んでいた人が名乗った名字であるかのように見えるが、じつはここには私たちにとってなじみの深い魚が隠れている。

「助」は「すけ」と読むが、スケとは大ぶりで立派な鮭をさす言葉でもある。立派な鮭は神に捧げられることが多く、スケは鮭の中でも特別な存在だった。

おそらく助川と名づけられた川では、型のいい大きな鮭が大量に獲れたのだろう。そんな川を誇りに思い、近くに住んでいた人々は「助川」を名乗ったのである。

ちなみに、「助」の字があてられているのは、かつての官職になぞらえたためと考えられる。助は長官を補佐する次官で、上級役人である。こちらもエリートというわけだ。

このように、名字の中には動物が登場するものも多い。魚にまつわる名字もバラエティ豊かで、「鮎川」「魚住」といった名字もあれば、そのものズバリの「鯛」さんや「鯉」さんもいる。

海にも山にも「崎」がある

「山崎」や「川崎」など、「崎」という漢字を使う名字は多い。

そもそも崎という漢字にどのような意味があるのかといえば、「山道の険しいところ」というものだ。また、「先端」「出っ張ったところ」などという意味もある。そして、山が平地と交わるあたりの土地を「山崎」と呼び、そこに住む人たちが名字として使うようになったという。

このようなケースもまた山にちなんだ名字ということになるので、山地の多い日本の各地にたくさんの山崎さんが存在するのもうなずける話だ。

一方、少々山から離れるのが「川崎」だが、これは川と川に挟まれた場所や、川が海にそそぐあたりにつけられた地名だ。海に面した神奈川県川崎市などは、まさにそのものずばりの地理的条件に合った場所だといえるだろう。

とはいえ、川はやはり山からそそぐのだから、日本人にとって山にちなんだ名字というのはあって当たり前の存在なのかもしれない。

●場所に由来する名字●

内陸にも「山岸」さんや「島崎」さんはいる

現在使われている漢字のイメージをそのまま当てはめても、地形が由来になっている名字の説明にはならないことも多い。それは、漢字が持つ意味が時代とともに変化してきているからだ。

たとえば、「岸」といえば海と接する陸地をイメージすることが多い。

ところが、もともとの意味は「地面の切り立った場所」だった。つまり、海とは関係のない内陸地であっても「岸」は存在したのだ。「山岸」「峰岸」などがこれに当たり、山の中で地面が切れているような場所を意味している。

また、「島」も同様だ。等高線の引いてある地図を眺めてみれば一目瞭然なのだが、平地の中にも盛り上がった小高い場所は各地に点々と存在する。そのような場所には「島」とつけられている地名があるのだ。

「島崎」は小山の頂に、「島本」は小山のふもとにつけられた地名である。つまり、内陸の「島」の近辺に住んでいた人たちが「島崎」や「島本」と名乗ったのである。

「大洞」さんが多い土地には洞が多い

「洞」とは、掘られたような土地を表すが、その形状はさまざまで、横に掘られたような洞窟から、浸食されてできた窪地、涸れた沢などが挙げられる。

そんな「洞」の字がつく名字は、洞のそばに住んでいた人たちが名乗った名字だ。たとえば、「大洞（おおぼら）」さんといえば、大きな洞のあたりに住んでいた人の子孫だとわかる。

全国的に見ればけっしてメジャーではない「大洞」だが、岐阜県ではよくあるものだという。これは、岐阜県が洞の多い土地だということに理由があるようだ。

「大洞」に限らず、「洞」のつく名字は多い。

たとえば「洞」「洞口」「中洞」「洞山」など、挙げればきりがないが、それぞれの場所のイメージは湧きやすい。

洞に限らず、漢字の組み合わせを見ると、その人の祖先がどんな場所に住んでいたかわかるところが〝地形姓〟の面白いところだろう。

•場所に由来する名字•

崖っぷちに住んでいた「切手」さん

「切手さん」とは珍しい名字だが、郵便切手とはまったく関係ない。「手」は場所や土地という意味を持ち、「切」は切れるで、つまり切れた土地を表しているのだ。

たとえば、崖などのように地面が切れているところのことで、その多くは川や湖、海などが関係している。その昔、河川などを切り拓いた場所に多くつけられたのが「切手」という地名なのだ。

「切手」さんは、土地を開拓して住処をみずからつくり出したパワフルなご先祖様を持っているといえるのである。

旅人の草履をかけた場所から生まれた名字「沓掛（くつかけ）」

明治時代になり馬車や鉄道が走るようになるまで、日本には人力以外の交通機関はなく、人々はどこへ行くにも基本的に徒歩で出かけた。

もちろん旅の場合も同様で、たとえ江戸に住んでいる人でも、お伊勢参りや金毘羅参りの時には遠く三重県や香川県までひたすら歩いて参じていたのだ。

そのため、東海道五十三次に代表されるように、街道が整備され沿道には宿場町が栄えた。路程では山を越えることもあり、峠の入り口には休憩所ができた。そこで旅人は履いてきた草鞋《わらじ》や草履《ぞうり》を新しいものに履き替えるのだ。

古いものは松の枝にかけたり、大きな石に捧げて旅の安全を祈ったという。そして、その場所こそが「沓掛」「沓脱」（くつかけ）という名字の発祥の地なのだ。

長野県中軽井沢にある中山道の沓掛が有名だが、旅人が履き物を脱いで掛け、小休止するようなところを沓掛、沓脱と呼ぶようになったのである。

●場所に由来する名字●

なぜか少ない三浦半島の「三浦」さん

鎌倉、逗子、葉山などの観光スポットを抱えた三浦半島は、神奈川県の南東に位置する半島だ。この地が発祥の名字といえば、当然「三浦」である。

ところが、現在の三浦半島には「三浦」という名字は少なく、東北地方の秋田と青森に多い。じつは、これには深い理由がある。

桓武平氏の流れをくむ村岡為通《ためみち》は、1051（永承6）年にはじまった前九年合戦において源頼義に従って立てた武功により三浦半島に領地を与えられ、名を三浦為道と名乗るようになった。

鎌倉時代になると三浦半島を含む相模国の一大勢力となった三浦氏だが、北条氏との対立の末に一族は滅ぼされて、残党が東北に逃れていった。そのため、三浦半島発祥の「三浦さん」が、なぜかその発祥の地には少ないという事態になったのである。

ちなみに、三浦氏と北条氏の最後の合戦の際、城の背後にある湾は兵士たちの血で染まり、まるで油を流したように見えたのだという。このことから名づけられた地名が油壷《あぶらつぼ》である。

「浦島」さんは全国にいる

「浦島太郎」といえば、子供から大人まで知っている有名な昔話である。

京都の伊根浦《いねうら》から経ヶ岬《きょうみさき》へ行く途中には、今も浦嶋神社という名の神社がある。『丹後国風土記』にも海神の都に行って戻ってきた浦島子の物語が描かれており、境内には乙姫の小袖や玉手箱といった遺物も残されている。丹後国は現在の京都府北部にあたるので、そうなると京都にはさぞや浦島さんが多いのではないかと思われるが、実際には浦島という名字は全国に存在する。

じつは、浦島太郎の物語には特定のモデルがあるわけではなく、全国各地で似たような話が伝承されているのだ。

浦島の「浦」とは内海の意味で、内海にある島を表している。四方を海に囲まれている島国日本では、浦島は全国の津々浦々に存在するという。その結果、その地名にちなんだ「浦島」さんも全国各地に存在しているため、それほど珍しい名字ではないのだという。

●場所に由来する名字●

「千葉」さんはやっぱり千葉県から全国に広がった

「千葉」という名字の発祥はどこかといえば、やはり千葉県だ。

関東にいた桓武平氏の8つの氏族のうちのひとつであり、下総《しもうさ》国千葉郷（現在の千葉県千葉市あたり）を本拠地としていた千葉家がそのルーツである。

千葉家は源平争乱で源頼朝に仕えて武功をあげ、東北から北九州に領地を与えられた。それによって、千葉一族が全国に広がったのである。つまり、千葉郷にいた千葉さんが全国に広がったということだ。

ただ「千葉」という地名がどこから来たかについては諸説ある。

まず、千葉郷一帯に伝承されている羽衣伝説の中に出てくる、幾重にも重なって咲く「千葉の蓮華」にまつわるという説や、茅《かや》が生い茂る土地であることから「茅生（ちぶ）」から転じて「ちば」となったという説、数多くの葉が生い茂っていた土地だったから「千葉」となったという説などがある。

沖縄県に独特の名字が多いわけ

沖縄には、名字を聞くだけで「この人は沖縄出身かな?」と思うことがあるほど、独特の名字が多い。有名人でも歌手の安室（あむろ）奈美恵さんや知念（ちねん）里奈さん、女優の比嘉（ひが）愛未さんなど、沖縄県出身の人には珍しい独特の名字が目立つ。

その理由は、かつて沖縄県が日本とは別の国だったからである。

江戸時代初期に薩摩藩が攻め入り、明治維新後には政府が直接統治下に置いたが、第2次世界大戦後の沖縄返還まで本土との交流はほとんどなかったことが背景にある。古くから独自の琉球文化を持ち、他県からの人口の流入があまりなかったため、名字も独特なものになった。

そんな沖縄の名字のほとんどは地名に由来している。前述の比嘉、安室、知念も地名に由来し、元プロボクサーの具志堅（ぐしけん）用高氏の「具志堅」も沖縄県内にある地名がルーツになっている。今帰仁《なきじん》城近くの本部町に本部間切具志堅村があったのだ。また「金城（きんじょう）」や「大城（おおしろ）」などの「城」がつく名字は、指導者たちが建てた城に由来している。

•方角に由来する名字•

住んでいる場所の方角をそのまま名字にした「北」「南」「東」「西」さん

東西南北といった方角を表す漢字は、名字にもよく使われている。

なかでも方位に由来する名字が集まった面白い例として有名なのが、石川県能美《のみ》市下開発町だ。

下開発町では、集落の北側に住む人は「北」さん、南側に住む人は「南」さん、東側は「東」さんで、西側は「西」さんときれいに分かれているのである。

町の小学校でも、同じクラスに東西南北の漢字を使った名字の子供が何人もいるという状態が現在も続いているという。

これは極端な例だが、方位によって名字が決まるというのはけっして珍しい話ではない。

東西南北と地形を組み合わせると、「西川」、「東田」、「北村」、「南村」など、数多くの名字が生まれる。たとえば、明治維新で活躍した西郷隆盛は西の郷に住んでいたと推察できるし、鎌倉時代に覇権を握った北条氏も、土地の区画を表す「条」と方角を組み合わせた〝方位姓〟だと考えられている。

「鬼門」さんは不吉ではない

「鬼門」と聞くと、あまり縁起がよくない方角のことを思い浮かべる人が多いだろう。鬼門とは中国から伝わった陰陽道の考え方で、鬼が出入りする方角とされていることからきているのだが、必ずしもそれが不吉な方角というわけではない。

じつは、鬼門を単なる不吉な方角とするのは、日本独特の考え方なのである。

鬼門は百鬼が出入りし、その地を守るとされている。「神徳の聖地」とも呼ばれ、祖先が鎮座する方角と位置づけられているのである。〝鬼門を封じる〟などという言葉から、なにやら不吉なイメージだけが定着してしまったが、もともとは祖先がいる強運の方角だったのだ。

同様の由来を持つのが「鬼寅（きとら）」姓だ。「鬼門」は北東の方角にあり、昔の「丑寅《うしとら》」にあたる。これを鬼門の寅として「鬼寅」としたもので、有名なキトラ古墳に代表されるように、キトラという地名や名字も多く存在する。

「鬼門」や「鬼寅」の場合、「鬼」が表すのは力強さではなく、運勢の強さなのである。

•方角に由来する名字•

「手」がつく名字は方角を示している

舞台の下手、上手という言葉からもわかるように、「手」は方角を表す言葉なのだが、この字を使っているのが「勝手」という名字だ。

この場合、「勝」というのは勝負に関係する意味では使われていない。乾燥して涸れた土地を表しているのだ。

つまり「勝手」とは、涸れた土地や砂地、水の少ない土地ということになる。その辺りに住む人が名乗ったのが「勝手」というわけだ。

「手」を使った珍しい名字はほかにも「特手（こって）」「颯手（さって）」「鬼手（おにて）」などがある。これらは単なる方角ではなく、こちらのほう、風が吹くほう、鬼門といった方向を示している。

もちろん、「横手」や「下手」など、そのものズバリの名字もあり、「手」のつく名字のバリエーションは豊かである。

古代の王や豪族の権力を現代に伝える「長谷部」「刑部」さん

「長谷部」「刑部（おさかべ）」など、「部」のつく名字は多い。

これらの名字の由来をたどった時に登場するのが、「部民《べみん》制」という制度だ。

高校の日本史の授業で習ったことを覚えている人もいるかもしれないが、部民制というのは、簡単にいえば大和朝廷の組織構成である。

天皇を頂点とした朝廷を取り巻く人々は、「部」という集団に分かれてそれぞれの役割を果たしていた。その時の部名が、名字となって現在まで受け継がれているのである。

部民制を大きく分けると、有力者である豪族の所有地の民が「部曲（かきべ）」、天皇家である王族の直轄民が「名代（なしろ）・子代（こしろ）」、職能集団が「品部（しなべ、ともべ）」となる。

それぞれにあった代表的な部を挙げてみよう。

部曲の代表格は、中臣部、蘇我部、葛城部、大伴部などだ。これらの名称からは、中臣鎌足、

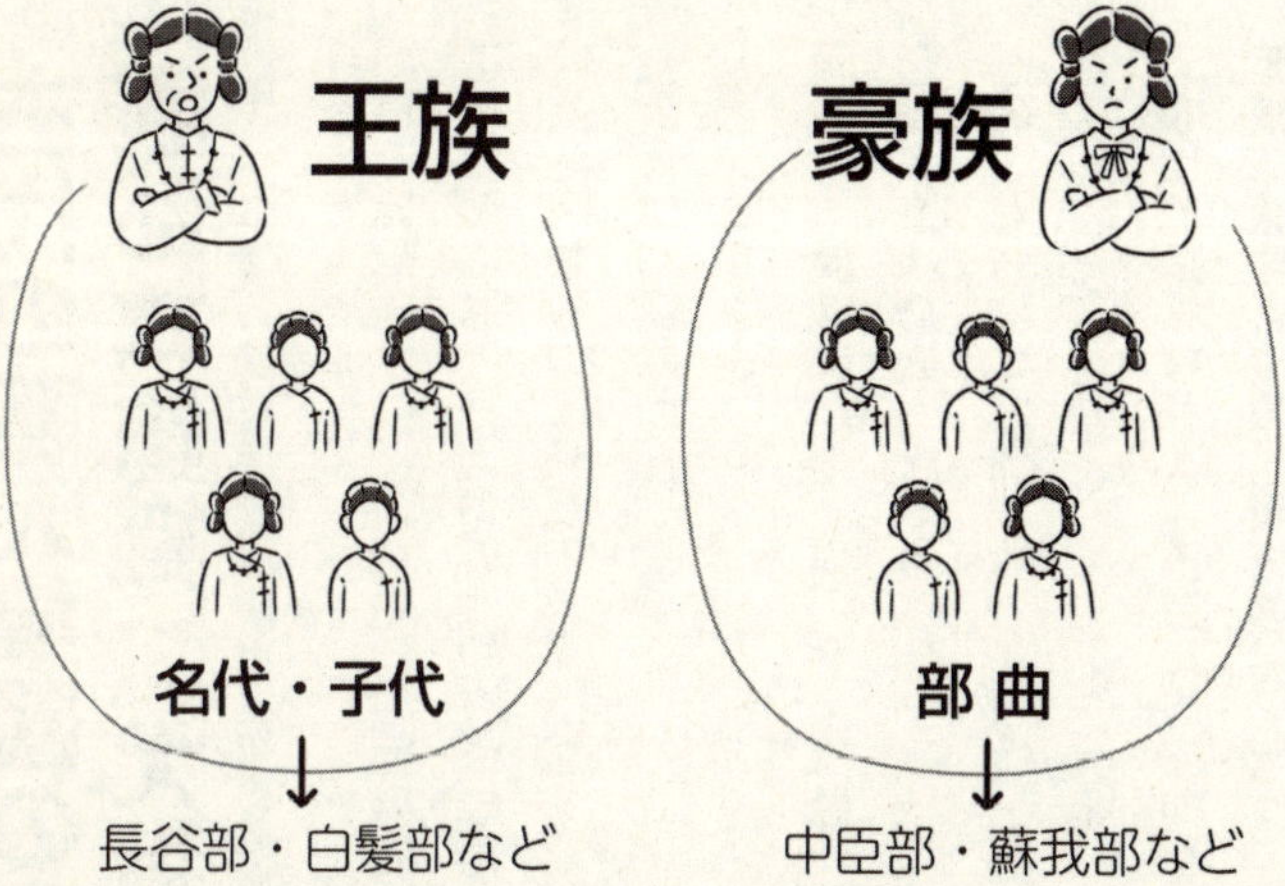

蘇我入鹿、大伴家持など、歴史上の人物として有名な名前が頭に浮かぶ。部曲からは大和朝廷で活躍した有力な豪族たちの名字が生まれたのである。

次に「名代・子代」だが、これには雄略天皇の実名だった大長谷若建命《おおはつせのわかたけるのみこと》からとった「長谷部」や、清寧天皇の別名である白髪大倭《しらがのおおやまと》根《ね》子命《このみこと》からとった「白髪部（しらがべ）」、そして允恭《いんぎょう》皇后忍坂大中《おしさかのおおなかつ》姫《ひめ》からとった「刑部」などがある。

部曲、名代・子代は、特別な仕事をしているというよりは、王や豪族の権力を表す部門といっていい。「長谷部」「刑部」などはこの人々をルーツに持つ名字なのだ。

一方、「品部」は大和朝廷を技能で支えたスペシャリストの集団だ。次の項目では、「品部」から生まれた名字について見てみよう。

古代の職人集団の名前をひきつぐ「服部」「錦織」「犬養」さん

前項で見たように、大和朝廷の組織のひとつに「品部（しなべ、ともべ）」がある。

この品部には、特定の専門知識や技術を持つ人が細かく分かれて配置されており、ここから生まれた名字もじつにバラエティに富んでいる。

たとえば、「服部」は「はたおりべ」、つまり機織部であり、布を織り、服飾品を作るプロ集団がルーツになっている。

同じく、機織部がルーツの名字には「羽鳥」姓がある。また、関連する職業部からは錦織部《にしこりべ》を祖先とする「錦織」がある。

ものづくりに関わるスペシャリストの例としては、土器をつくる「土師部《はじべ》」、管玉や勾玉をつくる「玉造部《たまつくりべ》」、酒づくりをする「酒部《さかべ》」などが挙げられる。それぞれをルーツに持つ名字が「土師（はじ、はぜなど）」「玉造（たまつくり、たまづくりなど）」「酒部（さかべ）」などである。

農林に関わる職の代表格は、何といっても「犬養」姓のルーツである「犬養部《いぬかいべ》」だろう。彼らは、

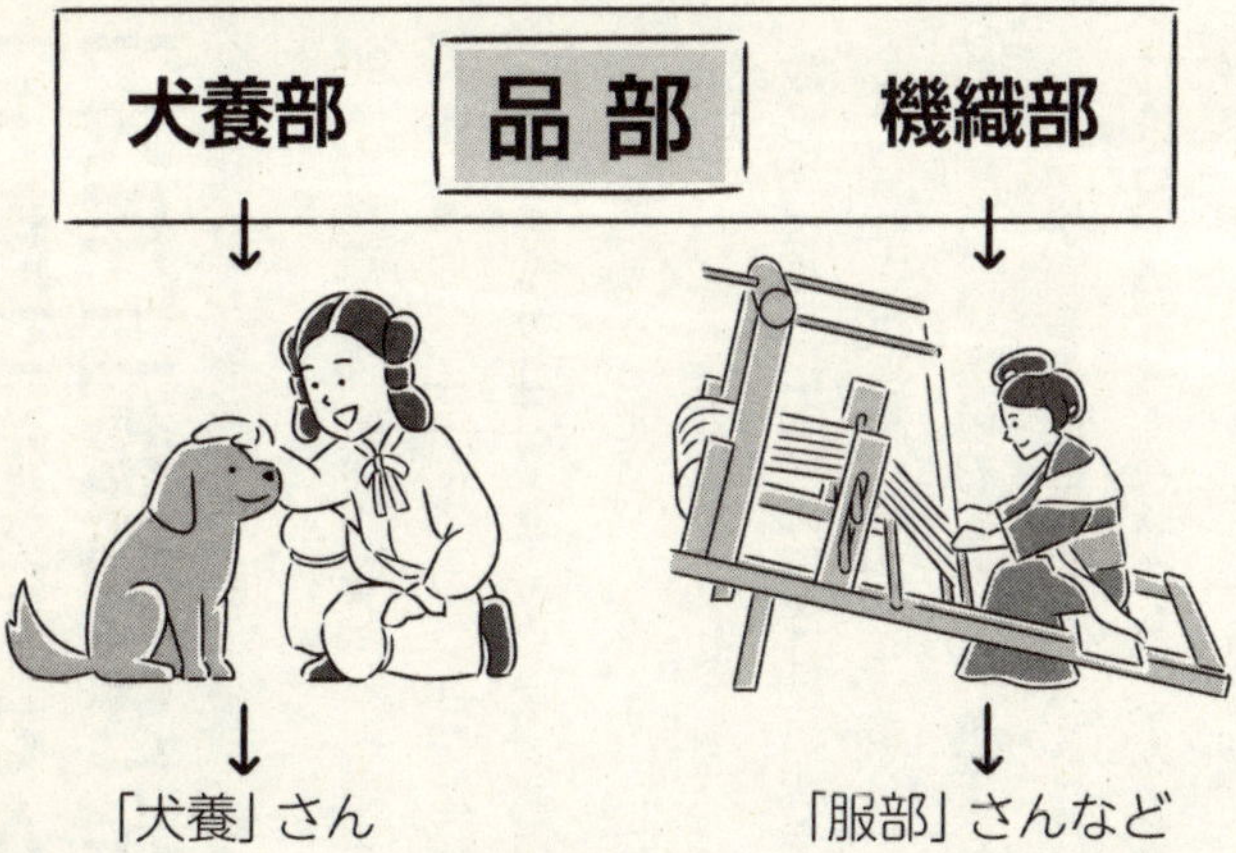

犬を飼育するのが仕事だった。『日本書紀』にも、「全国各地に犬養部を設置した」という記述が出てくる。

当時、飼われていたのは、秋田犬の先祖とされる犬種だったという。犬たちは、現在のように愛玩用として飼われていたわけではなく、宮廷の警備や狩猟のために飼育されていた。そのための訓練を行う犬養部の仕事は、まさにスペシャリストといえるものだったのだろう。

１９３２（昭和７）年の５・15事件で暗殺された犬養毅は、岡山県の犬養家の出身で、「桃太郎に仕えた犬を飼育していた」という伝説が残っている。

農林担当には、ほかにも「田部《たべ》」「園部」「鵜養《うかい》部《べ》」「牛養部《うしかいべ》」「馬養部《うまかいべ》」「山守部《やまもりべ》」などの部があり、大和朝廷がいかに細やかに組織化されていたのかを今に残る名字が伝えているのである。

「卜部」「浦部」さんは占い師の祖、「大伴」「物部」さんは軍人の祖

92ページでふれた部民制では、祭祀や政治を司る人々についても細かく分けられていた。

「卜部（うらべ）」のルーツになった「卜部」や「忌部《いんべ》」、「祝部《はふりべ》」は祭祀を担当する部署だった。卜部は古代の占いである卜占《ぼくせん》を担当していた。名字としては「卜部」のほかにも「浦部」「占部」などという漢字もあてられている。『徒然草』の著者として有名な吉田兼好の本名は〝卜部兼好〟といい、卜部一族の末裔である。

政治を担当したのは「日置部《ひおきべ》」「大宅部《おおやけべ》」「税部《ちからべ》」などだ。

また、軍事担当は「大伴」「物部《もののべ》」「久米部《くめべ》」などだ。「物部」はもののけを操る力があるとされた人たちで、軍事的な力を評価された。

一方、学問や芸術を担当したのは「綾部」「画部《えべ》」「史部《ふひとべ》」などがある。

これらの名字はそれほどメジャーとはいえないものの、そのルーツを知れば、希少だからこそ由緒あるもののように思えてくる。

•職業に由来する名字•

荘園制度から生まれた「加納」「別府」「庄司」さん

７４３（天平15）年に発布された墾田永年私財法は、日本の土地所有のあり方を変えた制度だ。これは、朝廷の持ち物だった土地について、新しく耕したものについては開拓者にその所有を認めるというものだった。そのため、貴族や有力者たちはこぞって土地を開拓して領地とし、それを荘園と呼ぶようになる。この荘園制度からも多くの名字が生まれている。

たとえば「加納」は、荘民が荘園の境界を越えて開拓して、荘園の一部とした土地を指している。この漢字を縁起のいい字に変えたのが「嘉納」だ。

「別府」は追加開墾のための許可状である太政官符や民部省符を得て、あらたに開墾した土地を指す。荘園を管理する役だった「荘司」「庄司」「田所」「公文（くもん）」などもよくある名字として残っている。

ほかにも、「本庄」「古庄」や、元プロ野球選手でおなじみの「新庄」などがあるが、庄は「荘」から転じたもので、荘園との関わりが一目瞭然である。

昔から官僚だった「大蔵」さん

「大蔵」という名字は、そのイメージどおり国の財務関係の機関に携わった人たちをルーツに持っている。

2012（平成24）年に宮殿が発見されたとして話題になった、雄略天皇の時代（5世紀後半）に創設されたのが「蔵」であり、「大蔵」「斎蔵《いみくら》」「内蔵《うちくら》」の3部門を擁する部署は「三蔵《みつくら》」と呼ばれていた。

神への供物などを担当する「斎蔵」や、大王家の財務を中心に担当する「内蔵」に比べて、国家の財政を扱う大蔵は扱う金額もずば抜けて大きく、現代の財務省のように、かなりの権力を持っていたという。

面白いことに、古代の大蔵の人たちには渡来族だった秦氏（61ページ参照）が多かったらしい。日本の宮廷制度は中国をまねたものも多く、特に複雑な業務を担当するには渡来人がうってつけだということが原因だったようである。

•職業に由来する名字•

「国司」さんを助けた「留守」さん

前項の「大蔵」さんのほかにも、「中務（なかつかさ）」さんは、天皇の側に仕える役目をしていた中務省、「所」さんは天皇家の事務などを担当した蔵人所《くろうどどころ》や、内裏などの警備を行う武者所からくるなど、古代の役職に由来する名字は多い。

今でも日本の会社では、上司のことを「部長」「係長」などといった役職名で呼ぶことから考えると、ごく自然な流れともいえるだろう。

面白いところでは、地方の政務を担当した「国司」に対して、主の留守を守る役割を果たした留守職がルーツである「留守」さんがいる。

その顕著な例を見てみると、源頼朝が領地である陸奥の国（現在の福島県から青森県にまたがるあたり）の留守職にあてていた伊沢家景《いえかげ》が挙げられるが、彼の子孫は東北に多い。

本名は伊沢だったのだが、ほかの人たちが「留守」という役職名で呼ぶうちに、いつしか「留守」がその名字になったのである。

鉄器の生産に関わっていた「寒川」さん

「寒川」と聞いて頭に浮かぶのは、八方除け祈願で有名な寒川神社だろう。寒川神社は神奈川県の寒川町にある。

寒川という地名はほかにも全国各地にあるが、それらは他の土地よりも寒く冷たい川が流れている場所というわけではない。寒川の「寒」は寒暖を意味するものではなく、「さぶ」の当て字で、「さび」から転訛したものなのだ。

つまり、寒川とは上流から錆が流れてくる川のことで、川床から砂鉄が取れたり、その周辺が古代の鉄器生産の舞台となっていた地名を表している。

同様の地名には「金川」「渋川」などがある。

古代の「寒川」さんたちは、その地域に住み、鉄器生産に関わっていたとも推測されている。道具や武器を生み出す重要な産業だった鉄器生産を担っていたからか、全国各地の寒川一族は、地域の有力者であるケースも多い。

●職業に由来する名字●

「商人（あきんど）」さんのルーツはやはり商売人だった

商人といえば商売人のことだが、そのまま「商人」という名字も存在する。

そのルーツは古代の職業に由来する。「秋に実ったものを売買する」という意味の「あきんど」と呼ばれていた商売人たちが、「商人」という漢字をあてた名字を名乗るようになったのである。

商人の「商」は、中国の国名に由来している。商売上手として知られる華僑からもわかるように、中国人には商売上手な人が多いといえるのかもしれないが、なかでも商売が得意だったのが「商」の時代の人々だ。

商は現在存在が確認されている中国最古の王朝で、日本では「殷《いん》」と呼ばれることが多いが、紀元前1600年頃にはじまった王朝である。

ただし、商は利益第一に走り過ぎて結局滅んでしまったという。

商という漢字にはもともと「神への供え物」という意味があることを考えると、そこには商売ということの本質が見え隠れしているようである。

魚屋のルーツを持つ「雑喉（ざこ）」さん

現代では、「ざこ」といえば取るに足らないものを表現する際に使う、少々お行儀の悪い言葉だが、もともとはれっきとしたある職業を持つ人の名前だった。

ざこは「雑喉」と書き、雑喉屋とは小魚を扱う商売人のことだったのだ。

彼らは振売、棒手振りというスタイルで、てんびん棒で魚の入ったおけをかついで商売をしていた。

古代、魚は1尾、2尾ではなく、1喉《こん》、2喉と数えた。「喉」とは文字通り、のどのことである。この数え方は平安時代から続いており、このことから小さな魚に対する呼び名が「ざこう」になったのだ。

現在は「雑魚」という漢字があてられているが、「雑喉」さんは魚を扱う商売人をルーツに持つ珍しい名字としてそのまま残ったのである。読み方には、「ざこう」「ざっこう」「ざこ」があり、漢字も雑喉のほか、「雑古」、「雑子」などがある。

•職業に由来する名字•

聖職についていた「神田」「宮田」「寺田」さん

「神田」さんは「神」という漢字をあてていることから考えても、神様に仕える職業だったことは容易に想像できるだろう。

その「神田」さんのルーツとなっているのが「神の田んぼ」を意味する地名で、多くは伊勢神宮に奉納する稲を育てていた田んぼのことをいう。「神田」さんはその田に関わる人だったのだ。

同様に神や神域に関わる名字はじつに多く、一般的なところでは「宮田」「宮代」「斎田」「神戸」「宮地」「神林」などが挙げられる。

また、仏との関わりが深い寺領や寺域に関わる名字には、「寺田」「寺岡」「寺林」などがある。たとえば、「寺田」は各地の寺が所有していた田んぼのことで、それにまつわる人々が名乗った名字だ。

日本の古代社会がいかに神や仏を中心に動いていたのかということが、それにまつわる名字の多さからもうかがえるのである。

神職だった「森」さん

前項で登場した「神田」「宮田」「寺田」が神仏に由来する名字であることは漢字から想像しやすいが、「森」さんも神に由来する名字であることは意外かもしれない。

これは次のような理由による。

神社仏閣のように神仏にお参りをする場所がなかった古代の人々にとって、森はとりわけ重要な場所だった。ふだん天上にいる神々は、特別な時にだけ地上にやってくる。そして、神が降り立つのは高い木だと考えられていた。

つまり、森は神を迎える聖域であり、信仰の対象でもあったのである。現在は散歩にハイキングにと誰でも気軽に出かけられる森も、当時は祭の日以外は立ち入りが禁じられていて、長らく人間が住むことなどできなかったのだ。

もちろん、神聖な森の木を切るのもご法度だった。実際、伐採を認めた孝徳天皇は『日本書紀』で神を冒涜したと非難されている。

「人々を守る神が宿る」という意味がある森は「杜」とも表され、まさに神が住む社として畏敬の対象になっていたのである。

その森に住み、神を祀る仕事についていた人たちが名乗ったのが、「森」なのだ。

「森」という名字の有名人は多いが、歴史上有名なのは、織田信長に仕えた美貌の少年、森蘭丸だろう。

彼は清和源氏をルーツとする陸奥六郎義隆が名乗った森一族の流れをくんでいる。

森に住み、神の森を守ってきた森一族の森蘭丸は、みずから仏に対抗する「第六天魔王」と名乗った信長に最後まで仕え、本能寺の変で主とともに討ち死にしている。

それもまた、神仏を守る一族としての宿命といえるのかもしれない。

神聖な木にちなんだ「神木」さん

古来、日本では山や木、石といった大自然に神が宿ると考えられてきた。

現在でも、奈良県の大神《おおみわ》神社や和歌山県の那智大社は、お参りするための拝殿はあっても、神を祀る神殿はない。三輪山や那智の滝がそのままご神体となっているからだ。

「神木」さんは、そんな信仰と深い縁がある。神が地上に降り立つためのものといえば山や滝なのだが、前項でもふれたように巨木もそのひとつだ。

神社の境内には、しめ縄を張られたり、柵で囲われたりして特別扱いをされている巨木がある。このように祀られている木をご神木と呼ぶが、この神聖な木にちなんで「神木」の名字ができた。

名字としては「かみき」「こうぎ」「こうのき」などと読むが、信仰の対象となる巨木は「しんぼく」である。

ご神木とされる木は杉やヒノキの古木が多いものの、種類は神社によってまちまちだ。たいていは常緑樹だが、福岡県の太宰府天満宮は祭神の菅原道真が好んだ梅がご神木となっている。

•信仰に由来する名字•

「宮崎」さんと神社の切っても切れない関係

「宮崎」さんは神社と深いつながりがある。それを表しているのが、「宮」と「崎」の2文字だ。神社のことは〝お宮〟ともいい、神社がまだ常設の建物を持たなかった時代、祭の際には臨時の小屋を建てた。これが宮のはじまりで、神社を表す名として使われるようになった。子供が生まれて約1ヵ月後に神社に参拝することを〝お宮参り〟と呼ぶのはそのためだ。

一方、「崎」のほうは先や前を意味する。つまり、お宮の前に住んでいる人々が「宮崎」を名乗ったのである。

もちろん「宮崎」さんだけでなく、「宮先」「宮前」さんもいる。「宮前」は「みやまえ」とも読むが、「みやさき」と読むこともある。

神社は全国各地に存在するので、「宮崎」も全国的に見られる名字だ。場所が場所だけに神職に関わる人も多く、日向国（宮崎県）宮崎郡大宮村の宮崎氏は宮崎神宮に関わりがあり、ここでは土地の名が神社の名としても使われている。

「高橋」さんは神と人との架け橋をしていた

「高橋です」と名乗って、「どんな漢字を書くの?」と聞かれることはあまりないだろうが、説明するとすれば「高い橋です」となるだろう。

それは、そのまま高橋という名字の由来になる。

「橋」といっても、川にかかるようなものではなく、ハシゴのようなものである。古代の人は神事の際に天に届くほどのハシゴを使い、それを「たかはし」と呼んだのだ。

そのうち、神職を務める家を「たかはし」と呼ぶようになった。

同じようにハシゴを使った神事は各地域に及んだため、「たかはし」という神聖な呼び名は各地に点在した。

また、7世紀頃の古代豪族である膳氏《かしわでうじ》の一族に、天武天皇が「高橋」を名字として授けたともいわれている。ちなみに、この膳氏は天皇お付きの料理人である。

神や天皇との橋渡しの役割をしたのが高橋さんなのである。

•信仰に由来する名字•

「早乙女」「五月女」は神事を行う女性だった

日本には1年を通じてさまざまな祭があり、なかには観光の目玉となっているものもある。しかし、もともと祭とは神に感謝し、ご利益を願うための神事だった。

そのひとつに、初夏に行われる祭である御田植祭《おたうえ》がある。これは田植えがはじまる前に行う伝統的な行事のひとつだ。

「五月女」や「早乙女」（さおとめ、そうとめなど）の名字は、この祭が由来だ。

春になり山から下りてきた神は、今度は田の神となる。その神の前で歌や踊りを披露しながら田植えをするというもので、田植え自体が神事とされた。

祭の主役ともいうべき苗を植える役割は女性が担い、彼女たちを早乙女と呼んだのである。そして田んぼが近くにある神社の周囲にこの地名がつき、それが名字になったとみられている。

「五月女」は、御田植祭が旧暦の5月に行われることに由来する。ただ、地方によって田植えの時期はだいぶ異なるため、「早乙女」とも書くのである。

「稲」のつく名字のルーツは稲荷社にある

京都の伏見稲荷大社を総本山とする稲荷社は、全国におよそ4万社あるといわれている。〝お稲荷さん〟の愛称でも親しまれ、庶民にとってはなじみが深い神社だ。

「稲垣」「稲川」「稲田」など「稲」がつく名字は、この稲荷信仰に由来する。

稲荷の神は正しくは宇迦御魂《うかのみたま》といい、稲に宿る魂を神格化したもので、農耕を司るとされていた。もとは稲の生長を表す「稲成り」と書いたようだが、のちに「稲荷」に変化したと考えられている。米を主食とする日本人は大昔から稲作を行っていたため、豊作を助けてくれる神は大事な存在として信仰を集めたのである。

後世になるとここに商売繁盛のご利益がプラスされ、さらに稲荷信仰は人気が高まった。

そこで、「稲」関連の名字を使い出したのが、稲荷社に関係する人や氏子だった。あるいは、神社がある場所に「稲」を使った地名が生まれ、それが名字になったのだろう。

いずれにしても、稲荷信仰とは浅からぬ縁で結ばれているのである。

•信仰に由来する名字•

大林でも中林でもなく「小林」さんが多いわけ

「小林」という名字のルーツは、予想にたがわず「小さい林」である。その仲間として「大林」「中林」という名字もあるのに、「小林」さんだけがずば抜けて多い。

そのわけは、日本の地形や風習に関連している。

まず、日本には山はたくさんあっても、大規模な林はほとんど存在しないのが理由のひとつだ。

また、農村地域では田んぼの真ん中に小さいながらもこんもりとした林があって、その中に氏神様を祀る神社や祠があるのを今も見かける。

そうした聖域を「小林」と呼び、あるいはそこに住む神職がみずから「小林」と名乗ったのが、この名字のはじまりだといわれている。

「小林」さんは全国に散らばっているが、昔から長野県に多いのも特徴だ（168ページ参照）。長野県の「小林」の発祥は現在の飯田市を本拠にした小林氏だが、この家は諏訪氏の同族だったといわれている。

「釈」「浄土」「法華」……お坊さんは仏教に関連のある名字を選んだ

近年では菜々緒さんや波瑠さんのように名字をつけないタレントもいるが、これはあくまでもタレントとしての名前だ。現代の日本に名字のない人間はいない。

しかし、江戸時代までは名字がない人もいた。お坊さんが名字を持ったのも、明治時代に入ってからのことである。

絵画の巨匠の中にはミケランジェロやラファエロなど、尊敬の念を込めてファーストネームで呼ばれる人もいる。だが、お坊さんの場合は高僧であれ新米であれ、誰にも名字はなかった。もとは名字を持っていた人もいたかもしれないが、出家する時に俗世で使っていた名を捨てるからだ。

ちなみに、空海や日蓮といった名は本名ではなく、仏門に入ってからつけた法名である。名字のない法名は、お坊さんであることを示すシンボルでもあったわけだ。

ところが、明治政府はすべての人が名字を名乗ることを決めた。もちろん、お坊さんも例外で

はない。

そこで、彼らは少しでもお坊さんらしさを残すために、仏教に関係のある言葉を名字にしようと考えたのである。

なかでも、釈迦にちなんで「釈」を使った名字は多かった。そのほか、「浄土」「法華」「南無」「仏子（ぶっし）」「極楽」や、「梵」「即真」もあった。

「梵」は「そよぎ」、「即真」は「つくま」と読む。非常に読み方が難しいが、いずれも仏教にまつわる言葉からきている。

ちなみに、ツルツルに剃った頭から連想して、「禿」を選んだ人もいた。もっとも、そのまま「はげ」と読むのは恥ずかしかったのか、読み方は「かむろ」や「かぶろ」だ。ユニークな発想をするお坊さんもいたものである。

「二階堂」さんは平泉の中尊寺が由来

「二階堂」という名字のルーツは、鎌倉時代に源頼朝が岩手県平泉の中尊寺にあった二階大堂を模した永福寺を建立したことにはじまる。

中尊寺の二階大堂は高さが15メートルもあったという立派な寺院建築で、奥州征伐のために平泉に入ってこの建物を見た頼朝はすっかり魅せられてしまったという。そして、鎌倉に戻るとさっそく建築にとりかかり、以来、この土地は二階堂と呼ばれるようになる。

そこに屋敷を構えたのが幕府に仕えていた工藤氏で、土地の名を名乗った。それが二階堂のはじまりだ。

ちなみに、この工藤氏をさかのぼると平安貴族の藤原為憲《ためのり》に行き当たる。

為憲は、平将門を征伐した功績をたたえられて宮内の宮殿造営職である木工助《もくのすけ》に就任し、「藤原」と「木工」を合わせた「工藤」を名乗った。

二階堂という名字を紐解いていくと、さまざまな歴史的人物が現れるのである。

•信仰に由来する名字•

「有地」さんが住んでいたのは特別な土地

お笑いコンビ・くりぃむしちゅーの有田哲平氏をはじめ、「有野」さんや「有田」さんはよく見かける。しかし、同じ「有」を使っていても、「有地」さんはあまりお目にかからない。土地があるという意味でついた名字なら、もっと頻繁に出会っても不思議ではないはずなのに、なぜなのだろうか。

じつは名字の由来となった土地は、そんじょそこらの土地とはわけが違う。〝ここにいい土地がある〟と神様からお告げがあった、ありがたい土地なのだ。人々はお告げに従ってその場所に移り住み、新たな村をつくったのである。

ちなみに、広島県には有地という地名があるが、ここは川が氾濫した時に川岸の農民たちが引っ越してきたのがはじまりだという。ただ、有地の名字は、だんだん「有野」や「有田」、「有岡」などに変わっていき、大もとだった有地は少なくなってしまったわけだ。ドラマやCMに引っ張りだこの女優・有村架純さんは「有村」だが、この有村も有地から変化したようである。

天体に対する信仰から生まれた「日野」「望月」「星野」さん

古代の人々は、人間の力ではどうにもできない自然現象を神が行っていると考えた。そのため、あらゆる自然を神が宿るものとして敬い、太陽や月、星といった天体を信仰の対象とした。そうした信仰心から生まれたのが、「天」「月」「日」「星」「雲」「雨」などの漢字を使っている名字だ。

たとえば「日野」「日置」「日向」は、太陽信仰がもとになってできた名字だ。

稲作は天候に大きく左右される。豊かな恵みをもたらしてくれる太陽は、稲作を行ううえで何よりも大切な存在だった。名字の中には太陽の文字が見当たらないが、太陽は日輪ともいう。「日」は、まさしく太陽を表しているのである。

昼の天体の代表が太陽なら、夜の代表は月だ。たとえば、「望月」「秋月」などは月からきている。望月とは満月を指す言葉である。秋の十五夜になると月にススキや供え物をして祝う風習があるが、ここには月の女神に実りを感謝する意味が込められている。ススキはその女神が降り立

つためのものだ。「もちづき」は「望月」と書く場合が多いものの、「十五夜」や「十五月」もある。

一方、歌手や俳優として大活躍している人物に星野源氏がいるが、「星野」や「諸星」は星に由来する。ちょっと珍しいところでは、「明星」や「七星」もある。

「明星」は、ひときわ強い輝きを放ち、〝明けの明星〟〝宵の明星〟という別名を持つ金星のことだ。「七星」のほうは、古くから運命を握る星として信仰されてきた北斗七星を示している。

太陽を司る天照大神《あまてらすおおみかみ》、月を司る月読命《つくよみのみこと》など、日本の神話には天文にまつわる神も多い。

農耕民族として、天候や気候に左右される生活を送る日本人は、星の巡りや太陽の動きも意識して生活してきた。そのため、天文にまつわる名字を名乗る人も多く存在するのである。

「草薙（くさなぎ）」さんのルーツは『古事記』

「草薙」さんの祖先は、現在の静岡県清水市草薙あたりに住んでいたという。この地名が名字になったわけだが、そのルーツをたどっていくと『古事記』にたどりつく。

『古事記』の中にはこんなエピソードがある。

東国を鎮圧しに行く途中、日本武尊《やまとたけるのみこと》は賊の放った火に包まれてしまう。しかし、剣で草を薙ぎ払い、炎を退けた。日本武尊のピンチを救った剣は草薙剣と呼ばれるようになり、このできごとが起きた場所を草薙と名づけたと伝えられる。

じつは草薙剣は、これ以前の神話にも登場している。その時の名は天叢雲剣《あめのむらくものつるぎ》といった。素戔嗚尊《すさのおのみこと》がヤマタノオロチを退治した時、大蛇の尾から剣が出てきた。それが天叢雲剣であり、のちに日本武尊が受け継いだのである。

ところで、「くさなぎ」を「草彅」と書く名字もある。これも元は同じ「草薙」で、のちに一部の人々が別の文字を使うようになったと考えられている。

●伝説に由来する名字●

神代から続く名字「阿曇（あずみ）」

「阿曇（あずみ）」という名字の起源は神代の昔から続いているもので、『古事記』に記載されている。

阿曇氏は福岡市東部を本拠にした古代豪族で、『古事記』によれば、綿津見命《わだつみのみこと》を祖先神とする。

彼らは海士部《あまべ》という優れた航海術を持つ部民を統率して大和朝廷に仕え、阿曇連《あずみのむらじ》という高い身分を受けており、663（天智2）年の白村江《はくすきのえ》の戦いでは、阿曇比羅夫《あずみのひらふ》が水軍の指揮官を務めて朝鮮に渡っている。そして、やがて各地に所領を増やして広がっていき、阿曇、安曇、阿積、渥美、厚見、厚海などとも記されるようになった。

現在ではTBSアナウンサーの安住紳一郎氏の「安住」が一番多く、宮城県に多い名字である。同氏もそのルーツをさかのぼっていけば、綿津見命まで行き着くわけだ。

阿曇氏の発祥地とされる博多湾の志賀島には海神を祀った志賀海《しかうみ》神社が現在もあり、神官は今も阿曇氏が継いでいる。

伝説のある名字「薬袋」「舌」「玉虫」さん

名字の由来を探っていくと、地名や職業などからきたものであることが多いが、なかにはその土地に伝わる言い伝えがルーツになっていることもある。

たとえば、「薬袋」と書いて「みない」と読む名字の伝説も有名だ。

甲斐国（現在の山梨県）の戦国武将である武田信玄が薬袋を落とし、それを拾って届けた村人に「中身を見たか？」とたずねたところ、「見ない」と答えた。

それに安心した信玄が、薬袋を届けた村人に「薬袋」姓を与えたという言い伝えが由来となっている。「御薬袋」と書く「みない」さんもいる。

ほかにも、おしゃべりが過ぎて神の怒りを買った牛鬼の話が伝わる「舌（ぜつ）」家や、戦に敗れ自刃しようとしていた武士の命を救った老人が、玉虫になって去って行ったことから名付けられた「玉虫」さんなど、伝説がもととなっている名字は意外と多いのだ。

●伝説に由来する名字●

弘法大師伝説から生まれた「肥満」さん

日々の生活のなかで、時おり珍しい名字の人に出会うことがあるが、「肥満」もれっきとした名字である。この名字はユニークな言い伝えを持っている。

「肥満」は三重県に伝わる名で、そのルーツになるのは次のような伝説である。

ある晩、村人が旅のお坊さんを泊めてあげたところ、お礼に小さな石をくれた。これが何とも不思議な石だった。石はだんだん大きくなり、それにつれて村も豊かになったという。

お坊さんの正体が弘法大師だったことを知った村人は、肥え太る石にちなんで「肥満」という名字をつけたそうだ。

現代人にとって肥満はややネガティヴなイメージがあるものの、貧しくては太りたくても太れない。当時の人々は豊かさをストレートに表現したのだろう。

仏教界のスーパースターと呼べる弘法大師は各地で奇跡を起こしたと伝えられるが、これもまたそのひとつである。

●伝説に由来する名字●

義経伝説から生まれた「風呂」さん

岩手県遠野市に存在する「風呂」という名字は、義経北帰行伝説に関わりがある。

源義経は、鎌倉幕府を開いた源頼朝の腹違いの弟だ。しかし、平家討伐ののちに兄弟は不仲になり、兄の頼朝に追われた義経は、奥州の藤原秀衡《ひでひら》を頼る。ただ、秀衡が亡くなるとかばう者はいなくなり、そこで果てた。

——史実ではこうなっているのだが、義経は奥州で死なずにさらに北へ逃れたという伝説がある。

逃避行の途中で義経は遠野市に一泊し、風呂を借りた。そこで、そのあたりに住んでいた人が「風呂」と名乗るようになったというのだ。

ちなみに、「風呂」は富山県にも見られる名字である。

ただし、こちらは義経伝説とはまったく関係がなく、お風呂屋さんが自分の職業をそのまま名字に使ったようである。

•伝説に由来する名字•

悲しい伝説が背景にある「笛吹（うすい）」さん

山梨県の北部に笛吹川という川がある。読み方は「ふえふき」川だ。名字としての「笛吹」さんもいるのだが、こちらはなんと「うすい」と読む。

なぜ、笛吹をうすいと読むのかについては諸説ある。

ひとつは、子を亡くした母の悲しい伝説だ。毎晩、笛吹川のたもとで笛を吹く女性がいた。彼女は、川でおぼれて命を落とした我が子を忘れられない母親だった。昔は死者の魂を鎮めるために笛を吹く習慣があったという。その時の母親が薄い衣をまとっていたことから「薄い衣の笛吹川」と呼ばれるようになり、いつしか「笛吹」だけで「うすい」と読むようになった。

あるいは、群馬県と長野県の境にある碓氷峠《うすい》に由来するともいわれている。ここでは、峠に向かって吹きつける風がヒューヒューと笛のような音を立てる。そのため、峠は「笛吹きの碓氷峠」と呼ばれた。そこから転じて、笛吹峠と書いて「うすいとうげ」と読むようになった。

いずれにしろ、川や峠の呼び方が元になって、名字の「笛吹」さんが生まれたのである。

「野老」の由来は野生の芋だった

世間にはごくまれに「野老」さんという名字の人がいるが、これはなんと読むのだろうか。難しい漢字は使っていないものの、読み方は難しい。じつはこれで「ところ」と読む。野老とは自然薯《じねんじょ》のような野生の芋で、苦味を抜けば食べられる。

なぜこの字になったかといえば、ひげ根を生やした芋の形が老人の頭に似ていたからだ。とにかくお年寄りをイメージさせる芋らしく、「山老」や「翁」と書くこともある。

野老がたくさん採れる場所にいた人々が名字にしたとも考えられるが、アイヌの言葉では湿地も意味するという。

いずれにしろ、土地の特徴からつけられた名字ではあるらしい。

ただ、「野老」はじつに難読な名字だ。そこで、音は同じでも、もっと簡単に読める「所」を使う人が増えていった。

余談になるが、埼玉県の所沢も大昔は野老沢と記されていたようである。

4章

聞いてビックリ！

名字の雑学事典

一番長い名字と一番短い名字はなに？

勘解由小路
さん
中臣（藤原）鎌足
までさかのぼる
ことができる

長い名字だとテストの時や書類に記名するのに少々時間や手間がかかるものだが、日本で一番長い名字は漢字では5文字である。

それは「勘解由小路（かでのこうじ）」さんと「左衛門三郎（さえもんさぶろう）」さんの2つで、勘解由小路は京都にあった地名に由来する名字で、藤原北家末裔の公家の名字だ。

もうひとつの左衛門三郎は由来が不明だが、埼玉県にある名字である。

かなで読むともっとも長い名字は、この「さえもんさぶろう」のように8文字のものだ。ほかにも、

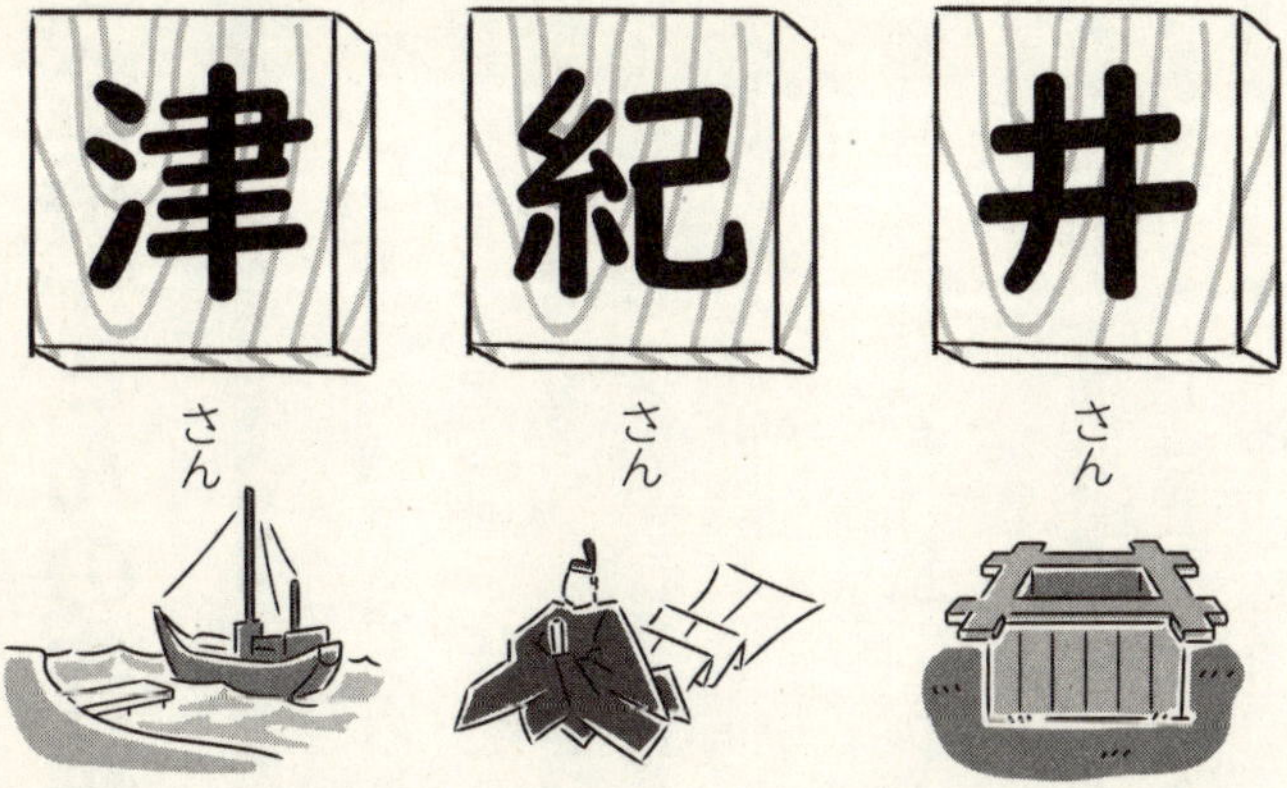

かなで8文字の名字には「東四柳（ひがしよつやなぎ）」「南大林（みなみおおばやし）」「東上別府（とうじょうべっぷ）」などがある。

そのうえ、この「東四柳」さんはローマ字表記にすると、「Higashiyotsuyanagi」となって、18文字で一番長い。それこそ、書類の名前欄記入欄やユニフォームの名入れなどに入り切らずに困るケースもあるにちがいない。

一方、一番短い名字はもちろん漢字1文字のもので、「原（はら）」さんや「平（たいら）」さん、「源（みなもと）」さんなど、漢字1文字で表す名字は多い。

さらに、読みのほうもかなで1文字の名字には、「井（い）」さんや「紀（き）」さん、「伊（い）」さん、「津（つ）」さん、「尾（お）」さんなど、数多くの種類がある。

「金持」さんの先祖はやっぱり金持ちだった？

「金持（かもち）」という名字の人に会ったら、この人のご先祖様はかなりの金持ちだったにちがいないと思うことだろう。しかし、金持さんといっても先祖が金持ちだったわけではないのだ。

じつは、金持は地名にルーツを持つ名前なのである。鳥取県に日野郡日野町金持《かもち》という地区があり、金持という名字もここから発祥したのである。

この金持がある鳥取県の中西部は、古くから良質の砂鉄が採れ、たたら製鉄が行われたことで知られている。

昔は鉄のことを「金《かね》」といっていたので、鉄がたくさんとれる場所という意味で「金持」の地名がついたわけだ。

今でも日野町金持には製鉄文化の名残として「金持《かもち》神社」という名前の神社がある。

この地で誕生した金持一族はその後各地へと散らばっていき、しだいに読み方も変化して「かもち」から「かねもち」「かなもち」「かなじ」とバリエーションも多くなっていった。

「一円」さんはけっして安くない

「一円（いちえん）」という名前を聞いて、なんだか安っぽい名前だなと思ったら大間違いだ。たしかに、今では1円を持っていても駄菓子ひとつ買うこともできないが、ここでいう「一円」は貨幣の価値を表しているのではない。

ルーツになっているのは、滋賀県犬上郡にある一円村だ。一円は中世の地名で、「このあたり一帯」を指す言葉でもあり、「関東一円」というのと同じ意味で使われている。かつて一円さんのご先祖様が領主からこの地域一帯をもらったことに由来しているのである。1円どころか、周辺の土地をまるごともらったという、じつに豪勢な話なのだ。

似たような由来を持つのが「一式（いっしき）」だ。こちらも中世の地名が由来になっている。一式とは、貢納は特産物や特殊な労働などのうち1種類だけでいいと認められた土地のことである。当然ながら、土地一円をもらった人よりも貢納は一式でいいとされた土地に住んでいた人のほうが多い。そのため、今でも一円さんより一式さんのほうがたくさんいるというわけだ。

東西南北を含む名字で一番多いのは「西」

「東山」、「西田」、「南野」、「北村」のように、名字に東西南北を含み、そこに山や川、村、田、野などの地形を表す言葉がつくケースは多い。

そうした東西南北のつく名字の中でもっとも多く使われている方位は「西」で、全国名字ランキングのトップ500の中に「西」が使われている名字は「西村」「西田」「西川」「西山」「中西」「大西」「小西」「西」「西尾」「西岡」「西野」「西本」「西沢」「西原」と14もある。

ちなみに、「西」の次が「北」で、「東」、「南」の順に続く。

北がつく名字は、「北村」、「北川」、「北野」、「北原」、「北島」の5つ、東は「東（ひがし）」、「東（あずま）」、「伊東」の3つで、もっとも少ない南は「南」の1つだけなので、西が圧倒的に多い。

これは、鎌倉時代の御家人がどのような場所に居を構えたかということと関係がある。

当時は、領地を求めていつどこから敵が攻め入ってくるかわからない時代だったため、住む場所を吟味する必要があった。そこで御家人たちは、険しい山や岩で周囲を囲まれている深い谷を

選んで館をつくり、もともとの地形を天然の要塞として利用することにしたのだ。

特に、北側や西側は狭まっていたり急になっていたりして、東側や南側に土地が広がっている谷が好まれた。東や南に土地が広がっていれば、日当たりがいいために稲作がしやすく、それだけ収穫が増えるからだ。

当然ながら領主やその家臣らは谷の中でも好立地の東や南に館を構え、領民は領主の館から見て西や北にあたる谷の奥の方に住んだ。

そのため、領民には西や北のつく名字が使われるようになった。

領主よりも領民のほうが圧倒的に多いので、結果として今でも西や北がつく名字のほうが多く残っているというわけだ。

「あずま」さんは東日本、「ひがし」さんは西日本に多い

東さんには「あずま」と「ひがし」という2つの読み方があるが、なぜか東日本では「あずま」さんが多く、西日本では「ひがし」さんが多い。

じつは、東さんは使っている漢字は同じ東だが、「あずま」か「ひがし」かの読み方によって意味が少し異なるのだ。

まず、「ひがし」さんだが、東は方位に関わる名字なので、領主の家など何か目印になるものの東側に家があったことに由来する。とりわけ西日本に多い「ひがし」さんは、単純にこの意味で使われている。

一方、「あずま」さんが東日本に多いのは、京都が都だった頃、都の人たちが東日本を「東国」と書いて「あずま」と言っていたことに由来すると考えられている。

そのことが今でも「あずま」さんが東日本に多く、「ひがし」さんが西日本に多いことに影響しているのだ。

「ヤマサキ」と「ヤマザキ」、濁るのは東日本に多い

名刺に書かれている「山崎」という名字を見て「やまざきさんですね」と確認すると、「やまさきです」と訂正されることがある。この違いはいったいどこからくるのだろうか。

そもそも山崎は地形に由来する名字で、「山の稜線の先端」を意味する。そうした険しい場所に住んでいた人たちが山崎を名乗るようになったのだ。「崎」ではなく、「﨑」という字を使う場合も由来は同じである。

山崎さんは山形県と沖縄県を除く全国各地にいるのだが、じつは「やまざき」という読み方は東日本に多く、「やまさき」は西日本に多いという。東日本では濁音の「ざ」になり、西日本ではそのまま清音の「さ」になるわけだ。

これは東日本では発音がより濁る傾向があり、西日本では澄んだ発音が好まれることに関係するといわれている。清音のほうが濁音よりも歴史は古く、文化や情報の発信地だった京都がある西日本から東日本へと言葉が伝わる過程で、しだいに濁っていったと考えられている。

齋、齊、斎、斉……「さいとう」さんの種類が多いのはなぜ？

「さいとう」さんに手紙を書いたりメールを送ったりする時に注意したいのが、「さい」の漢字である。「斉だったかな？　いや、たしか斎だったよな」と迷った経験のある人もいるだろう。

有名人でもたとえば、俳優の斎藤工氏やプロ野球選手の斎藤佑樹投手は「斎」だし、ミュージシャンの斉藤和義氏は「斉」である。

さいとうの「さい」にはいろいろあるが、大きく分けると「齋」「斎」「斉」「齊」の４つになるだろう。

ただし、起源はすべて同じだ。

「斎」は神事にまつわる漢字である。

伊勢神宮に奉仕した未婚の皇女を「斎宮」といい、斎宮の世話をする役所である「斎宮寮」のトップの役職を「斎宮頭《さいくうのかみ》」といった。この「斎宮頭」を藤原氏が務めた際に、「斎」と「藤」を合わせて「斎藤」としたのがはじまりだとされている。

最初は
齋 →（簡略化）斎 →（さらに簡略化）斉 ⇄（少し戻して）齊

最初は「齋」という漢字を使っていたが、難しくて書きづらいことから、上の部分を簡略化した「斎」が使われるようになったというのだ。

「齊」と「斉」については、「斎」がさらに簡略化されて「斉」になったものが、〝これでは簡単すぎではないか〟と考え、上の部分を元に戻した「齊」を使う人が出てきたのではないかという説がある。

また、難しい「齋」の代わりに同じ音で少し書きやすい「齊」を用いる人が現れ、それが簡略化されて「斉」になったという説もある。

そのほか、この4つから派生して齋や斉の下の部分が「月」になっているものなど、「さい」に使われている漢字には異字体も多い。

これは戸籍に登録する時の書き間違いなどから増えていったと考えられている。

「長谷川」はなぜ「はせがわ」と読むのか

漫画家の長谷川町子さんやサッカーの長谷部誠選手の名字にある「長谷」は、「はせ」と読む。この読みに慣れてしまっている人も多いだろうが、なぜ「はせ」と読むようになったのだろうか。

長谷川や長谷部の「長谷」のルーツは、奈良県桜井市にある初瀬《はつせ》川にある。この川はかつて泊瀬《はつせ》川といい、細長い谷に沿って流れている。そのため「長谷の泊瀬《ながたに》」と呼ばれていた。つまり、長谷は泊瀬の枕詞だったのだが、長谷も泊瀬と読むようになり、やがて「はつせ」がつまって「はせ」になったのである。

同じように、枕詞から発生した読みが「日下（くさか）」や「日下部（くさかべ）」の日下だ。太陽が当たって草が生い茂り、草の香りのする場所を「日の下の草香《くさか》」といっていたのが、やがて日下だけでも「くさか」と読むようになったとされる。

ちなみに、日下さんからは「日馬（くさま）」という名字も生まれている。日下でくさかと読むなら、日馬でくさまと読んでもいいだろうというわけで派生したのである。

「菊池」と「菊地」は何が違う？

「菊池」と「菊地」は日本各地にある名字だ。有名人の中でも菊池桃子さんは「菊池」で、菊地亜美さんは「菊地」である。いったいこの漢字の違いはどこから発生したのだろうか。

じつはこの2つの名字の源流は同じで、藤原氏の流れをくむ肥後の菊池家からはじまっている。

この菊池家は、現在の熊本県菊池市を本拠地として平安時代から戦国時代まで勢力を伸ばしたが、戦国時代に大友宗麟に滅ぼされた。

その後、肥後から逃れて各地に散らばり、その際に「菊池」から「菊地」へと名字を変更したが、発祥地である肥後を忘れないために「池」に似た「地」という文字を用いたという。

菊地さんは東日本に多く、その数は約9万人になる。東に落ちのびてから分家を増やしていったことで広まっていったのだ。

一方の菊池は西日本に多く、約12万人いる。こちらも多くの分家を出して拡大していった。

このように全国各地に増えた菊池さんと菊地さんだが、発祥は同じというわけだ。

名字になっていない都道府県がある

「金沢」「成田」「渋谷」など、地名に由来する名字はたくさんある。これは新たな土地に移り住んだ時などに、その土地の地名を名字にすることも多かったからだ。

では、都道府県と同じ名字はどれくらいあるのだろうか。

じつは、47都道府県の中で名字になっていないのは、沖縄県、愛媛県、京都府、北海道の4つだけで、そのほかの都府県は県名と同じ名字がある。

この4つの県と同じ名字がないのは、明治時代に戸籍制度が誕生したあとにできた地名だからだ。京都の場合、「京都（みやこ）」さんはいるが、「京都（きょうと）」さんはいないという。それ以外は比較的古くから存在する地名なので、そこに住んでいた人たちがその地名に由来する名字を名乗ったというわけである。

ちなみに、「東京」さんは江戸が東京になって戸籍制度ができた時に、江戸さんのひとりが「自分の名字も江戸から東京に変えよう」と考えて生まれたという。

「奈良」さんは奈良に多いわけではない

本書でたびたび紹介しているように、地名に由来する名字は多いのだが、都道府県と同じ名字の中でも、都道府県名に由来しているとは限らない場合もある。

たとえば、「奈良」姓は奈良県に多くあるのかと思えばそうでもない。奈良さんは全国に散らばっていて、奈良地方の出身の人ももちろんいるが、地名だけが由来とは限らないのである。楢《なら》の木のそばに住んでいて、楢のあて字で奈良になった人もいて、これは「奈良岡」も同様である。

そのほか、古代には「奈羅訳語（ならのおさ）」氏という渡来系の氏族がいた。訳語とは通訳の意味で、朝廷に仕えて通訳の仕事をしていた。

『日本書紀』には、遣隋使として「奈羅訳語恵明《ならのおさえみょう》」という名前も残っている。この奈羅訳語氏を奈良訳語とも記すので、そこをルーツとしている「奈良」さんもいるかもしれないわけだ。

しかも、奈良という地名は奈良県や奈良市だけでなく全国にある。このように奈良という名字の由来は諸説あり、源流は特定されていないのである。

動物の名前がつく名字いろいろ

昨今の空前のペットブームの中で、犬や猫の可愛さに癒されているという人も多いだろう。そんな動物好きな人にとって興味深い名字が、「犬飼」「犬養」だ。これらは文字通り犬を飼っていたからついた名字である（94ページ参照）。そのほか犬がつく名字には「犬山」や「犬塚」などがある。

一方、猫のつく名字は犬より少ないが「猫田」などがある。猫がペットとして飼われたのは江戸時代以降なので、名字の由来にはなりにくかったのである。

動物のつく名字でもっとも多いのは「熊」で、「熊谷」を筆頭に「大熊」「熊沢」「熊田」などがある。このことから、昔の日本の里山では、今よりもっと頻繁に熊が出没したことが推測できる。

また、家畜として飼う牛や馬にちなむ名字も多い。牛では「牛山」「牛田」「牛木」などがあり、馬では「馬場」「相馬」「有馬」などがある。馬は「駒」という字でも表すので、「駒井」「駒田」「駒場」なども馬由来の名字だ。

鳥類では、鷹、鷲、鴨が多く、「鷹取」「鷹巣」「鷲尾」「鷲見」「鴨志田」「鴨川」などがある。

植物の名前がつく名字いろいろ

植物名がつく名字はたくさんある。特に木にまつわる名字が多いのは、木は樹齢が長いものが多くてランドマークになるため、その木が生えている場所に由来した名字が多いからである。なかでも「松」がつく名字はもっとも多い。「松本」「松下」「松田」「松岡」「松山」「松木」「小松」「二本松」など、人口も多ければ種類も多彩だ。これは古来、松はおめでたい木とされ、松の木の下にいると難を逃れて幸せになれるという言い伝えと関係がある。そのため、村の入り口や道の角に目印として縁起のいい松が植えられ、自然とその近くに住む人も多かったのである。

松竹梅でいえば「竹下」「竹林」などの「竹」も多い。こちらは植物の竹を指す以外に、中世時代の武士の館は垣根に竹を使っていたので、武士の館の近くに住んでいたという意味を持つ場合もあるという。

「梅原」「梅津」などの「梅」についても、植物の梅を指す以外に「埋め」の当て字として使われ、埋め立てた土地につけられたケースもある。

季節を表す「栗花落（つゆり）」さん

四季がある日本では、昔から季節の移り変わりを大切に感じとってきた。そのため、名字にも季節に対する日本人の感性が反映されているものがある。

そのひとつが兵庫県に伝わる「栗花落」さんで、「つゆり」と読む。これは「梅雨入り」がつまって「つゆり」になったもので、栗の花が梅雨入りの時期に落ちることに由来しているのだ。

この名字には伝説もある。

今から約1300年前の天平時代、淳仁天皇に仕える山田左衛門尉《さえもんのじょう》真勝《さねかつ》という役人がいた。

彼は大納言藤原豊成の娘である美しい白滝姫に恋をして嫁にもらって幸福に暮らしていたが、白滝姫は1男をもうけたあとに亡くなってしまった。悲しんだ真勝は邸内に社を建てて白滝姫を祀ったところ、栗の花が落ちる頃に白滝姫の社の前に清水が湧き出て、その後、日照りでも渇くことがなかったという。そこから名字を「栗花落」に改めたという伝説だ。

この伝説の地である兵庫県神戸市北区山田町には、今も「栗花落《つゆ》の井」がひっそりと残っている。

お月見好きな日本人らしい「十五夜」さん

日本人はとかくお月見が好きである。月見酒と称して月を見ながら、縁側やベランダで酒をたしなむのが楽しみだという人もいるだろう。

特に月を見るのにいい時節とされる旧暦8月15日の満月は「中秋の名月」といわれる。この頃に人々は秋の実りに感謝して団子や神酒を供え、月明かりの下で酒宴を張り、詩歌を詠むなどして月見を楽しんだ。

この中秋の名月を「十五夜《じゅうごや》」ともいうが、この「十五夜」が名字にもなっている。読み方は「もちづき」さんだ。満月を意味する「望月」と同じ読み方をするのである。

ちなみに「満月（まんげつ）」という名字もあり、「三日月（みかづき）」さんもいる。三日月さんには政治家で国土交通副大臣を務めた三日月大造氏もいるので、耳にしたことがある人もいるだろう。また、十五夜の満月よりも少し遅く出る十六夜《いざよい》の月から派生した名字に、「十六沢（いざさわ）」や「十六原（いさはら）」がある。

珍しい名字の有名人が持つルーツ

有名人で珍しい名字の人がいると「芸名かな?」と思ってしまうが、あえて珍しい名字の本名をそのまま使って活躍している人も多い。

代表的なのが、女優の剛力（ごうりき）彩芽さんだろう。美人でスレンダーな容姿とはまるで対照的な「剛力」という力強い名字は、インパクト抜群で印象に残りやすい。

「剛力」はその漢字が表すように、力を使った職業に由来する名字だ。

現在の静岡県三島市付近が発祥で、富士山に登る際に登山者の重い荷物を背負って案内する職業を

「剛力」といったことに由来する。

また、女子アナウンサーの水卜麻美さんは「みとちゃん」という愛称で呼ばれているが、本当の読み方は「みうら」で、難読名字のひとつである。

そのルーツは香川県讃岐地方で、昔は「卜」の字ではなく占いの「占」を使っていた。いつ雨が降るかなど、水に関わる占いを告げる人が用いていた名字なのだ。それが占いをしなくなったことで、占の字から口を外して「卜」にしたという。

また女優の忽那（くつな）汐里さんの「忽那」は、現在の愛媛県松山市にある忽那島にルーツがある。かつてこの忽那島を本拠とする水軍がいて、南北朝時代には南朝方として活躍したという。

つまり、忽那はその昔、瀬戸内海で勢力をふるった水軍の子孫にあたる人々というわけだ。

「小鳥遊」「月見里」「十」……トンチのきいた名字、読めますか？

初めて見た人にはさっぱり読めないという難解な名字は多いが、少しトンチを働かせてみると「なるほど！」と腑に落ちる名字もある。

たとえば、「小鳥遊」。小鳥が遊ぶって、いったいなんて読めばいいのだろうと思う人も多いだろうが、これは小鳥が安心して遊べるのはどういう状況かを想像すればいい。答えは「たかなし」で、天敵の恐ろしい鷹がいなければ小鳥はよく遊ぶという、トンチがきいた名字なのである。

次に「月見里」はどうだろうか？　こちらも小鳥遊と同じように、月見がしやすい状況を想像してみないと答えは出てこない。正解は「やまなし」だ。周囲に高い山がない里では、月がよく見えるという状況を表した風情ある名字なのである。

「十」も、漢字の形をよく見て読み方を導き出してほしい。答えは「えだなし」で、「十」という漢字は「木」の枝がない形をしているからだ。娯楽の少なかった昔、言葉や漢字で楽しんでいた日本人の遊び心が伝わるのが名字なのである。

「空」を「きのした」と読むのはなぜ？

名刺に「空」と書いてあったら、「そら」や「くう」と読む人が多いのではないだろうか。だが、なかには少数ながら「きのした」さんと読む人がいる。

もっとも、おそらくこの「きのした」さんも、かつては「くう」さんだったようである。なぜなら「きのした」と読むのは、縦に「カキクケコ」と書くと、「キ」の下に「ク」が来るというところからきているからだ。

これは、電話でアルファベットを確認する時に使う、いわば〝フォネティックコード〟のようなものだ。

アルファベットであれば「AはアップルのA、BはビッグのBです」などと伝えるように、「『カキクケコ』の『キ』の下の『くう』です」と説明していた。それが、いつの間にか「きのした」で済まされるようになったのではないかということだ。

「四十物」はなぜ「あいもの」と読むのか

「四十田（あいた）」、「四十川（あいかわ）」、「四十崎（あいさき）」など、四十を「あい」と読む名字はいろいろある。

いったいなぜ、この読み方になったのか。

そのはじまりは、富山県に多い「四十物（あいもの）」という名字にある。

そもそも四十物とは生魚に近い干物の一種だ。なぜ四十物と書くのかについては諸説あるが、種類が40種類あったからなどの説がある。

この四十物という干物の一種を取り扱った四十物屋が名字となって、今に伝わっているのだ。そして、四十を「あい」と読むならと次々と派生していったのが、さきほどの四十がつくいろいろな名字である。

ちなみに、「四十万」で「しじま」、「四十九」で「しじゅうく」など、「あい」以外の読み方の四十系の名字もある。

「四月一日」「八月一日」など日付けがつく名字はイベントに関係あり

「四月一日」、「八月一日」は、日付けがそのまま名字になっているが、いったいなんと読むのかご存知だろうか。

「四月一日」は「わたぬき」である。知っていなければ、まず読めない名字だろう。なぜ「わたぬき」なのか。それは、江戸時代までは綿入りの冬の着物から春の着物へ衣替えをする行事が旧暦の四月一日にあったからだ。

暖かい季節の訪れを喜ぶこの行事にあやかり、家の繁栄を願ってこの名字を使う人が現れたのがはじまりである。

一方の「八月一日」は、「ほずみ」と読む。これも旧暦八月一日に新穂をつんで刈り入れの前祝いをし、新穀を恩がある人に贈る八朔《はっさく》の行事にちなんでいる。そのため、「八月朔日」や「八朔」でも「ほずみ」と読む名字もあるのだ。

どちらも繁栄や豊穣を願うイベントにあやかって用いられた縁起のいい名字なのである。

稲と関係の深い豪族だった「穂積」「八月一日」

「ほずみ」さんと聞いて思い浮かべる漢字といえば「穂積」だろう。

古代の稲刈りは稲穂の部分だけをカットして積み上げて乾燥させており、それがルーツになっているという。

ところが、前項にもある通り「十五夜一日」や「八月朔日」と書いても「ほずみ」と読む。

旧暦の8月1日は、現在の9月初旬頃にあたり、ちょうど田んぼの稲穂が実る時期だ。しかし、この時期は台風シーズンでもある。

このため、昔の人は旧暦の8月1日に神様に新しい稲穂を供えて、無事収穫できることをお願いした。その時に稲穂を摘むことから、「ほずみ」と呼ばれるようになったのだという。

そうなると漢字表記は「穂摘」になるので、「八月一日」さんや「八月朔日」さんは神事と関係しているようだ。

古代王朝の一族にも穂積氏がいるが、こちらも稲と関係の深い豪族だったにちがいない。

5章

47都道府県別名字の秘密

北海道

「佐藤」「長谷川」など日本各地の名字が集まっている

都道府県ごとに名字の特徴がある日本の中で、唯一それに当てはまらないのが北海道である。というのも、ご存知の通り北海道では古来、先住民であるアイヌ人が居住してきた。彼らには「名字」という概念がなく、名乗っていたのは独創的なアイヌ名だった。

日本の庶民が名字をつけることを義務づけられたのは明治時代だ。時期を同じくして、北海道へは本州をはじめとする各地からさまざまな人が入植していった。つまり、現在の道民のほとんどは北海道以外の土地にルーツを持つ人なので、これといった名字の傾向がないのである。

入植者の7割は東北地方と北陸地方だが、現在、北海道でもっとも多い名字は秋田県のトップと同じ「佐藤」で、また「長谷川」のように新潟県あたりに多い名字も目立つ。

道内の地名にアイヌの名残があるように、名字にもアイヌらしさがあってもよさそうに思えるが、ほとんどが日本風の名字を選んでつけたという。本州とは異なる歴史の歩みを持つ北海道も、こと名字に関しては他のエリアとのミックスというわけだ。

青森県

全国の「工藤」さんのルーツは青森にあった

多くの都道府県は、ランキングのトップにくる名字は他の地域でもおなじみの名字であることが多いが、青森県の場合は他のエリアではそれほどメジャーではない「工藤」だ。

「木工《もく》助《のすけ》」という昔の職種にルーツを持つ歴史ある名字だが（詳細は37ページを参照）、人口比でいうと100人に3〜4人が「工藤」で、他の地域にも多数いる「工藤」という名字のルーツもほぼここにある。青森県は全国の「工藤」姓の元祖なのだ。

ただ、ひと口に青森県といっても津軽地方と南部地方では方言も文化も異なるように、名字の傾向も異なる。特に八戸周辺は南部氏の領地で、人の出入りが激しかった岩手県北部と共通しており、「工藤」よりも「佐々木」や「中村」といった名字が多い。

また、お隣の五戸町では「手倉森（てぐらもり）」という変わった名字が目立つ。サッカー好きには元選手で指導者としておなじみの手倉森兄弟が思い浮かぶだろうが、彼らは同町出身である。

秋田県

県民の8パーセントは「佐藤」さん

「佐藤」といえば日本を代表するメジャーな名字だが、なかでもダントツに多いのが秋田県だ。たとえば、別の都道府県のトップの名字は人口に対して1～3パーセント程度しかいないのに対し、秋田県の「佐藤」さん率は8パーセントにもなる。

また、北条氏にゆかりのある畠山氏にルーツを持つ「畠山」さんをはじめ、山形県置賜《おきたま》郡小松村にルーツを持つ「小松」さん、北前船の港町としてたくさんの商家が栄えていた名残で「屋」がつく名字や、「屋」を「谷」に変えた名字も多い。

変わったところでは「及位（のぞき）」という名字があるが、これは秋田県と山形県にまたがる甑《こしき》山に由来している。かつてこのあたりでは修験道が盛んで、その修行の一環として、険しい断崖で宙づりになって崖の横穴をのぞき込む「のぞきの行」が行われていたという。

そして、この「のぞきの行」を無事成功させ、高い位に及んだ修験者がいたことから「及位」という地名が生まれ、それを名字として名乗る人が現れたようだ。

岩手県

「佐々木」「小野寺」など3文字の名字が多い

「佐藤」や「高橋」など、東北に多い名字が上位を占める岩手県で、ちょっと他県と傾向が違うのが、「佐々木」姓が多いことだ。佐々木という名字のルーツは西日本にあるが（52ページ参照）、源頼朝に従った佐々木氏がいて、そこから東日本で広がりをみせたと考えられている。

ちなみに、岩手県では佐々木同様、3文字の名字が目立つ。「小野寺」や「八重樫」、「小田島」など、珍しくはないが、あまり一般的ではない名字ばかりなのも特徴的だ。

また岩手県ならではの名字といえば、「及川」さんを忘れてはならない。ほかではめったに出会わないが、岩手県ではかなり上位にランクインする。こちらも発祥は西日本で、宮城の伊達氏の一味に及川氏が加わったことで東北一帯に広まり、とりわけ岩手で繁栄した。

最後に、岩手県で歴史的に有名な存在といえば奥州藤原氏だが、やはりその影響で「藤原」も少なくない。もちろん、すべてが藤原氏につながるわけではないが、岩手県出身の藤原さんに会ったら関連がある可能性は高いかもしれない。

山形県

山形では「東海林」を「とうかいりん」と読む

山形県の名字は、隣り合っている新潟県の影響を強く受けている。

代表的なのは「五十嵐」で、もとは新潟県三条市にあった地名だった。その五十嵐姓が、距離的に近い山形県にまで広まったということだが、新潟県では「いからし」と濁らない読み方が一般的なのに対し、山形県では「いがらし」と濁る読み方との両パターンが存在する。

また、一般的には「しょうじ」と読む「東海林」だが、山形県では「とうかいりん」と読むことが圧倒的に多い。

ここでいう「しょうじ」は、荘園の所有者を意味する。その人がやがて「庄司」と呼ばれるようになり、ある時山形から秋田に移動した「東海林」さんが庄司を務めた。この時に職業の「しょうじ」が名字と混同され、「東海林」を「しょうじ」と読むようになったといわれているのだ。

つまり、「東海林」=「しょうじ」のあて字は秋田生まれのもので、山形の「とうかいりん」がいわば本来の読み方というわけだ。そのため、山形では「とうかいりん」が一般的なのである。

宮城県

レア名字の「留守」さんはかつて留守職を務めていた

宮城県の名字は、はっきりこれという傾向がないのが特徴だ。

というのも、古くは戦国時代に藩主の伊達氏があちこちからから家臣を集めていたし、今でも東北随一の政令指定都市として、全国から人が集まってくる。そのため、ランキング上位にくる名字は全国の傾向とさほど差はないのである。

1位は東北に多くみられる「佐藤」だが、宮城の「佐藤」さんは源義経の忠臣だった佐藤継信、忠信兄弟の影響が大きいとされている。

同じく東北に多い「阿部」は、漢字は「安倍」「安部」、読み方も「あんべ」「あんばい」などバリエーションが多い。

「菅原」という名字も少なくないが、宮城の「菅原」さんは菅原道真の後裔と考えられている。大宰府に流された道真の一族のうちの何人かが東北地方に逃れ、勢力を拡大した。「菅井」や「菅野」といった、菅原にあやかった名字も見受けられる。

福島県

3通りの読み方がある「菅野」さん

福島県は同じ県内でも海側から浜通り、中通り、会津という3つの異なる文化圏がある。

全体的な名字のトップには、東北全体の傾向と同じ「佐藤」や「鈴木」「渡辺」などが名を連ねるが、独自の名字を見ていくと、3つのエリアでそれぞれ異なる個性を持っている。

たとえば、ほかではさほどメジャーではないのに、福島県内で多い名字に「星」がある。これは会津地方に多く、もともとは「小さい盆地」を意味する言葉だった。会津地方にはご存知の通り、会津盆地がある。

また、中通りでは「尾形」や「関根」といった名字が目立っている。これが、浜通りへ行くと「小野」や「草野」、そして「馬上（もうえ、ばじょう）」といった風変わりな名字も出てくる。

ところで、「菅野」という名字が多いのも福島県の傾向のひとつだが、一般的には「かんの」が多数派なのに対し、福島県では少数派ではあるものの「すがの」のほか「すげの」が加わる。

この名字のルーツは、かつてこの地で栄えた豪族の菅原氏ともいわれている。

新潟県

「斎藤」をはるかに上回る「斉藤」さんの多さ

「さいとう」さんの「さい」はバラエティ豊かで、何種類もある（134ページ参照）。一般に東日本は「斎藤」が、西日本は「斉藤」が多いといわれ、全国的に見ると「斎藤」が多数派である。日本海側の名字は、新潟県と富山県で傾向がはっきり分かれる（32ページ参照）。新潟県は東日本タイプ、富山県は西日本タイプが主流で、新潟県で上位にくるのは「佐藤」「渡辺」「小林」といったように、いずれも東日本によくみられる名字である。

このルールの通りなら、新潟では「斎藤」が多くなるはずだが、実際は「斉藤」のほうが多い。それも僅差ではなく、はるかに上回っている。なぜか「斉藤」さんだけは東西の境界線がずれるという不思議な現象が起きているのだ。斎は斉の旧字なので、簡単に書き表すようになったとも考えられるが、本当の理由はわかっていない。

ちなみに、新潟県では読み方にも特徴がある。たとえば、「渡部」は「わたなべ」より「わたべ」が多く、「小柳」は「こやなぎ」ではなく「おやなぎ」が主流である。

群馬県

本家の栃木よりも数が多い「茂木」さん

群馬県は、関東では栃木県に次いで2番目に大きな県だ。そのせいか、同一エリアに同じ名字が固まる傾向があり、しかも戦国時代の武士に由来する名字が多い。

たとえば、「田村」は平安末期に存在した武蔵国多摩郡田村出身の武士で、「金子」も同時代の入間郡金子出身の武士にルーツを持つ。群馬の武士といえば、鎌倉時代に幕府に攻め入った新田義貞が真っ先に思い浮かぶが、やはりこの地には多くの武士が根ざしていたということだろう。

もともと群馬は栃木と合わせて「毛野」と呼ばれる文化圏にあるが、名字にも両エリアの影響がみてとれる。

群馬で比較的多くみられる「茂木」という名字などはその典型で、こちらはカーレース場の「ツインリンクもてぎ」でおなじみの栃木県茂木町で生まれた名だ。読み方はそのまま「もてぎ」の場合もあれば、「もぎ」と縮まる場合もある。

しかも、発祥の地である栃木より圧倒的に群馬のほうが多いというから面白い。

栃木県

阿久津さんは方言の「あくつ」がルーツ

北関東に位置する栃木県の名字の傾向は、関東全体のそれとほぼ同じである。

栃木と聞いて思い浮かぶ有名人としては、お笑いコンビの「U字工事」さんがいるが、2人の名字は「益子（ましこ）」さんと「福田」さんだ。

益子は栃木県内の地名で、益子焼でおなじみの益子町がそのままルーツになる。一方の福田は、栃木県ではランキングの上位に入るほどメジャーな名字である。2人は郷土の方言とネタで活躍しているが、名字もまた栃木色の強いコンビだということだ。

それはさておき、栃木にはほかではなかなか出会えそうもない「あくつ」いう名字の人がかなりいる。漢字は「阿久津」が多いが、なかには「圷」と書く場合もある。

じつは、この名字は方言からきたもので、栃木では窪地のような場所を「あくつ」と呼ぶ。「圷」という漢字は、まさにその窪地を表したものだ。

この意味を知っておくと、差し出された名刺に「圷」と書かれていてもすぐ読めるはずだ。

茨城県

全国246位の「根本」さんが茨城では8位！

茨城県でランキングのトップにくる名字は、ほかの多くの県がそうであるように「鈴木」である。人口比でも関東ではダントツに多く、江戸時代には水戸藩の家老にも鈴木家があったといわれている。

また、「根本」という名字は茨城県から福島県南部にかけて広まっている名字で、藤原秀郷流の流れをくむ小野崎通成の次男・盛通が、常陸《ひたち》国久慈郡根本（現在の茨城県稲敷市）を治めた際に「根本」と名乗ったことで誕生した。以来、根本氏は常陸国を中心に栄え、今に続いている。

そのほかには、「倉持」という名字も多く、こちらは県の南西部に集中している。千葉県の北部や埼玉県の東部にも広まっており、県境をまたいでおなじみの名字だ。

同じく、比較的多いのが「きくち」さんだ。漢字は「菊池」「菊地」の2通りあるが、「菊池」は熊本が発祥で（137ページ参照）、「菊地」はもともと東北地方に多い。このことから、茨城県の「菊池」は、東北の「菊地」と区別する意味合いで、あえて一文字変えたと考えられている。

埼玉県

「新井」さんが利根川流域に多い納得の理由

　東京のベッドタウンとしての側面が強い埼玉県。転勤族も多いため、全国的な名字がまんべんなく散らばっているが、そんななかでも注目すべきは、北部の利根川流域に「新井」さんが多いことだ。

「新井」は、かつては「鈴木」に次ぐほど県内ではメジャーな名字で、今も他の都道府県に比べれば圧倒的に多い。「井」は水くみ場のことで、「新井」は「新しい水くみ場」となる。名字の意味を考えれば、利根川沿いに集中しているのも納得である。また、「関根」という名字も埼玉ではおなじみだ。全国の関根さんの3人に1人は埼玉県民というデータもあるほどだ。

　さらに、秩父方面には「浅見」さんがたくさんいる。一般的には「あさみ」だが、「あざみ」と濁る場合が多く、漢字も「阿佐美」「阿佐見」などいくつかの種類がある。

　もともとは武蔵七党にゆかりのある阿佐美一族に由来しており、その後、漢字のバリエーションが増えた。特に横瀬町ではダントツで、ご近所は「浅見」さんだらけなのである。

東京都

徳川家康が連れてきたから「鈴木」さんが多い？

全国から人が集まる東京都では固有の名字もだんだん減っているが、それでも歴史をたどっていくと、多くの場合、ひとりの人物にたどり着く。

それは、江戸城主だった徳川家康だ。

まず、全国ではもちろん、東京でも多い「鈴木」という名字だが、この名字の歴史は『古事記』にまでさかのぼるほど古い。家康が生まれた松平家にも鈴木姓の人が嫁いでおり、家康の親戚には鈴木さんが多かったのだという。

したがって、家康が江戸に入城した際にも鈴木さんが同行していた可能性は高い。何代も続く江戸っ子の鈴木家の中には、家康が実家から連れてきた鈴木さんにゆかりのある家もあるのではないかとみられている。

また、多摩地域には「比留間」という名字の人がいるが、この名字にも家康にまつわるエピソードがある。家康が現在の埼玉県の川越から移動する際、夜の川を渡ろうとしたところ、地元の村

民が足元を松明で照らしたという。この気遣いに家康は「昼間のごとき明るさ」といたく感動し、村民に「昼間」という名字を授けた。これが「比留間」の発祥だといわれている。

さらに、少し離れた静岡県に「小粥」という名字があり、「おかい」さんや「こがゆ」さんと読む。これも家康が与えたもので、三方ヶ原での負け戦でぼろぼろになって帰っていく時に、おかゆを振舞ってくれた農家にその礼として与えたという。家康は名字を与えるのが好きだったようだ。

では、「徳川」という名字の人は東京にいるのかというと、けっしてよくある名字ではないものの、他の都道府県に比べて多い。

やはり何につけても、東京といえば家康抜きでは語れないようだ。

千葉県

何と読む？「生城山」さん

東京都の隣に位置する千葉県は、都内に通勤する人たちが暮らすベッドタウンと、房総半島のように昔からの人が住む郊外エリアと、くっきりと2つに分かれている。そのため、都市部には全国にも多い名字が、郊外には千葉県ならではの名字が今も多くみられる。

なかでも千葉ならではの名字の代表は「石毛」で、こちらは下総国豊田郡にあった石毛という地名が発祥だ。現在は茨城県に「石下町」として存在している。

また「椎名」という名字も千葉県では珍しくはなく、特に外房エリアに多く集まっている。ほかにも、「加瀬」「香取」など、他の都道府県では少ないものの千葉県では多くみられる名字は、外房付近にルーツがあるものが多い。

レアなところでは、「生城山」という難読名字も外房が発祥なのだが、こちらは「ふきの」と読む。なぜ「ふきの」なのかは定かではないが、千葉には「吹野」姓の人も多くいるので、なんらかのきっかけであて字になったという見方が自然だ。

神奈川県

横須賀の二大勢力「石渡」さんと「二本木」さん

東京都のお隣という立地上、人の出入りの激しい県なだけに、名字の傾向に大きな特徴はない。

ただ、横須賀市や小田原市など、都心部から離れるほど地元特有の名字が出現する。

たとえば、横須賀では「石渡」と「二本木」がかなりメジャーな名字である。

「石渡」のほうは「いしわた」、「二本木」は「にほんぎ」と読む。どちらもはっきりした出どころは不明だが、学校や町内会など人が多く集まるような場所では、どちらかの名字の人が1人はいるというのは地元の〝あるある〟だ。

また、小田原や箱根あたりでは「かつまた」という名字が増えてくる。「かつまた」は本来静岡県に多い名前で、漢字は「勝又」「勝俣」の2通りがある。神奈川では「勝俣」が優勢で、特に箱根で「勝俣さん」といえば、「どの勝俣さん?」と聞き返されるほど大定番の名字なのだ。

また、「渋谷」という名字も全国に比べれば多く、こちらは鎌倉幕府を開いた源頼朝に仕えた渋谷氏がルーツだ。現在の大和市にある「渋谷」は、その発祥の地である。

長野県

雄大な自然を連想させる「滝沢」や「原」が上位に

「やせ蛙 まけるな一茶 これにあり」などの句でおなじみの江戸時代後期の俳人、小林一茶。一茶は長野県の出身で、その故郷は長野県北部の柏原宿、現在の上水内郡信濃町である。

じつは、長野県でもっとも多い名字がこの「小林」なのだ。小林がランキングで1位になっているのは日本で唯一、長野県だけだという。

ちなみに、晩年を故郷の柏原宿で過ごした一茶だが、柏宿の大火により母屋を失い、最後は焼け残った土蔵に移り住んで65歳の生涯を終えた。火事のあとには「焼け土の ほかりほかりや 蚤さわぐ」という、一茶らしい一句を残している。

また、山々に囲まれ景勝地も多い長野らしく、その雄大な自然を思わせる「滝沢」や「原」、「百瀬（ももせ）」も長野に多い名字である。

原は地名にもなっていて、県の東部、八ヶ岳の裾野には夏場のセロリ生産量日本一を誇る原村がある。『さそり座の女』で知られる歌手の美川憲一さんも長野県の諏訪市出身で、本名は百瀬だ。

山梨県

長野県の影響を強く受けている

山梨県は、県境を東京都に接し、都心からもさほど距離が離れていないのに、首都圏とはまったく異なる文化圏を持ち、県内の名字も負けず劣らず個性豊かだ。

まず「佐藤」や「渡辺」といったランキングトップ常連の名字と同じくらいメジャーなのが「望月」で、もともとは信濃の豪族に由来する。

さらに、武田信玄の家臣にもいたという「深沢」姓も多く、発祥は山梨郡深沢という地名からきている。同じように「雨宮」姓も多く、長野県更埴《こうしょく》市雨宮の地名にルーツがある。

さらに、「輿石（こしいし）」や「輿水（こしみず）」など、「輿」のつく名字も山梨県特有といっていい。「輿」といえば昔の乗り物をイメージするが、そこにルーツがあるかどうかは定かではない。ただ「輿」という名字は、信濃に由来するという説もある。

武田信玄は甲斐と信濃、すなわち現在の山梨県と長野県を治めた。それを思えば、名字も長野県の影響を強く受けていることは容易に想像がつくのである。

静岡県

何と読む？「一尺八寸」さん、「月見里」さん

静岡県でもっとも多い名字は「鈴木」だ。全国ランキングでも2位なので不思議はないが、静岡県は特に〝鈴木率〟が高いことで知られている。

そんな静岡県の名字には面白い特徴がある。

東海道や中山道といった大きな街道沿いにある静岡は人の出入りが多く、ほかの地域との交流が盛んだった。

また、地理的には東西に長く、江戸時代以前は伊豆・駿河・遠江という3つの国に分かれてもいた。そうした背景もあって、同じ県でありながら地域によって特色が異なっているのだ。

東部は神奈川県の西側、中央部は山梨県、西部は愛知県の三河地方といった具合に、それぞれ隣接する地域と共通した名字が数多くみられる。

最多の「鈴木」は県内の全域に散らばっているものの、それ以外は県の特徴としてひとくくりにするのが難しいのである。

ところで、静岡には「一尺八寸」と「月見里」という珍しい名字がある。この2つは独特な読み方をする。

「一尺八寸」は「かまつか」と読む。鎌の柄が一尺八寸だったことにちなむ名だ。もとは「鎌塚」と名乗っていた人々がこの漢字をあてたらしい。

一方、「月見里」は「やまなし」である。山がないから月がよく見える里という意味だそうだ（146ページ参照）。現在も静岡市に月見里笠森稲荷神社があり、「月見里」さんもこのあたりに多いという。

ちなみに、発祥地は静岡のほか、山梨県とする説もある。

「山梨県は山が多いではないか」と思うかもしれないが、こちらは「山梨」という一族が分家する時に漢字を変えたとされている。

愛知県

徳川家のルーツは豊田市の「松平」さん

愛知県は「鈴木」「加藤」「伊藤」さんがダントツに多いのだが、分布には特徴がある。東部の三河地方は「鈴木」エリア、西部の尾張地方は東側が「加藤」エリア、西側が「伊藤」エリアといった具合に、集中する地域が異なっているのだ。

さて、愛知の有名人といえば、徳川家康があげられる。幕府は江戸に開いたものの、家康の出身は三河で、室町時代からここに本拠地を置いている、長い歴史を持つ一族なのである。

ただし、「徳川」を使い出したのは家康からで、もとは「松平」と名乗った。家康自身も、途中までは「松平」を名乗っている。地名や地形に由来する名字は多いが、松平も現在の豊田市にある地名だった。家康の先祖は松平に住んでいた豪族で、本拠地の名を名字にしたわけである。

やがて三河守となった家康は、名字を「松平」から「徳川」へと変えている。「徳川」は清和源氏の流れをくむ名だといわれており、さらに高みを目指す家康としては、由緒正しい名字を使ってハクをつけたい気持ちもあったようだ。

岐阜県

県内トップの「加藤」さん、ルーツは別の場所？

「加藤」は全国にみられるメジャーな名字だ。代表的な有名人は戦国武将の加藤清正だが、最近では〝ひふみん〟の愛称で親しまれている、将棋の加藤一二三九段を思い浮かべる人もいるかもしれない。岐阜県では、この「加藤」さんがランキングのトップになる。

とはいえ、「加藤」のルーツは岐阜ではない。加賀国（現在の石川県）の官僚になった藤原氏が、加賀の一字と藤の字を使って加藤としたのがはじまりだ（36ページ参照）。

なぜ、北陸にルーツを持つ加藤さんが岐阜県に多いのかというと、加藤氏の子孫が伊勢（現在の三重県）に赴任し、東海地方で勢力を広げたためだ。なかでも美濃、つまり岐阜にいた加藤氏は戦国時代に活躍したため、岐阜一帯に「加藤」一族が増えていったのである。

ところで、岐阜の中でもちょっと面白いのが「長屋」だ。

県の北部に位置する板取地区では、「長屋」姓の比率が非常に高い。周囲の自治体と合併する前の板取村は半数以上が長屋さんで、今もこのあたりは長屋さんが多いのである。

富山県

「田」のつく名字が多い、納得の理由って？

北陸新幹線の開業によって、富山県は東京都をはじめ他県からのアクセスがさらに便利になった。その北陸新幹線が停車する富山駅がＪＲ西日本の管轄であるように、富山県は古くから西日本エリアとのつながりが深い地域だ。

事実、富山県でもっとも多い名字は「山本」、次いで「林」となっており、いずれも東日本や東北でのランキングでは下位につけている名字ばかりだ。

また、富山県には「吉田」「高田」「前田」など「田」のつく名字が多いのも特徴のひとつである。これは、富山県の耕地面積の９割以上が水田であるためとされている。

富山の地名の由来になったともいわれる雄大な立山連峰。そこから流れる豊富な雪解け水に支えられ、富山県は古くから日本有数の米どころとしても知られているのだ。

ちなみに、日本４大財閥のひとつ、安田財閥の創設者である安田善次郎氏や、２００２年にノーベル化学賞を受賞した田中耕一氏も富山県の出身である。

石川県

県名の由来は「石川」姓にあり？

三方を海に囲まれ、南北がおよそ200キロメートルあるという細長い石川県には、その特徴的な地形もあってか、「北」「南」という名字を持つ人が多い。日本全国の北さんの5人に1人が石川県で暮らし、さらに他県と比較すると、南さんが占める割合も石川県がもっとも多いのだ。

また、石川県といえば、その地名の由来にまつわるこんな話がある。

今から1400年ほど前の飛鳥時代、朝廷の実力者であった蘇我馬子の孫に、大化の改新の功労者のひとりである石川麻呂という人物がいた。この人が謀反のかどで自害し、一族は河内国（現在の大阪府）から加賀に移住することになる。その後、現在の金沢市の中心部が「石川郡」として栄え、これが石川県の起源となったというものだ。

廃藩置県で当初は〝金沢県〟になったが、まもなく県庁がこの石川郡に移り、石川県が誕生した。

一方で、県内最大の河川である急流の手取川がたびたび洪水に見舞われては岩石が流れ出したため、「石川」と呼ばれたことに由来するという説もある。

福井県

恐竜博物館と幕末の思想家に見る福井に多い名字

世界三大恐竜博物館のひとつとされる福井県立恐竜博物館があるなど、恐竜の化石の宝庫として国内外に知られる福井県。そんな福井県でランキング上位にくる名字は、北陸の他県同様に西日本に多い「田中」に続き、「竹内」「橋本」などだ。

福井の橋本、とくれば歴史好きの人ならピンとくるかもしれない。幕末の思想家で、福井藩士の橋本左内である。福井藩主の松平春嶽《しゅんがく》の側近として奔走し、かの西郷隆盛とも親交を深めたが、安政の大獄で斬首された人物だ。

のちに西郷は、西南戦争に敗れて自刃する際に左内の手紙を携えていたという。現在、福井市内にある左内公園には銅像が立つ。

そのほか「白崎」も福井県に多い名字で、全国の白崎さんの3割近くが福井県に暮らす計算になる。県中央部に位置する、いわゆる〝平成の大合併〟で誕生した越前市には白崎町という地名が今も残り、同名の公園や、白崎とつく企業なども多い。

滋賀県

県の6分の1を占める琵琶湖にちなんだ名字

日本でもっとも大きな湖である琵琶湖を抱える滋賀県は、「北川」や「中川」、「清水」などの水に関する名字が目立つ。さすがは、県の面積の6分の1を琵琶湖が占めるだけはある。

なかでも北川さんがランキングの上位に入っているのは滋賀県のみで、滋賀、福井両県を流れる河川にもその名前を見ることができる。

滋賀県には琵琶湖の水運のほか旧東海道が通っており、近畿、中部、そして北陸をつなぐ交通の要衝として古くから栄えてきた。天下統一を目前にした織田信長が、琵琶湖東岸の安土山に巨大な安土城を築いたことでも知られる。それもあってか、道が交差した場所を意味する「辻」や「辻井」「辻田」などの名字が多いのも特徴だ。

また、かつてはその辻を行き来した馬にまつわる「馬場」も全国有数の多さだ。そういえば、県南西部の栗東《りっとう》市には、競走馬のトレーニングを行うトレーニングセンターもある。ちなみに、滋賀や京都では名字や地名にある馬場を「ばば」ではなく「ばんば」と読むことがある。

京都府

いかにも京都らしい名字は意外に少ない

京都と聞いて、観光地として絶大な人気のある京都市内を思い浮かべる人は多いだろう。しかし、地図を見るとわかるように、京都府は北は日本海側まであってかなり広い。京都市はその中のほんの一部でしかなく、名字の構成もかなり違っているのだ。

なかでも地域色が残っているのが昔、丹波国と呼ばれていた中部地区だ。京都固有の名字には「塩見」や「芦田」、「四方（しかた）」などがあり、中部地区の福知山市や綾部市に行くとこれらの名字が圧倒的に多い。

また、やや南に下った京丹波町には「片山」さんと「上田」さん、大阪府と兵庫県の県境付近にある南丹市や亀岡市には「西田」さんや「川勝」さんが集中している。

ところが、かつて丹後国と呼ばれていた日本海側に行くと、特色ある名字があまり見られなくなる。これは、日本海有数の港として栄えた舞鶴港があるからで、さまざまな地域から人が移り住んだことで地域色も薄まっていったと考えられる。

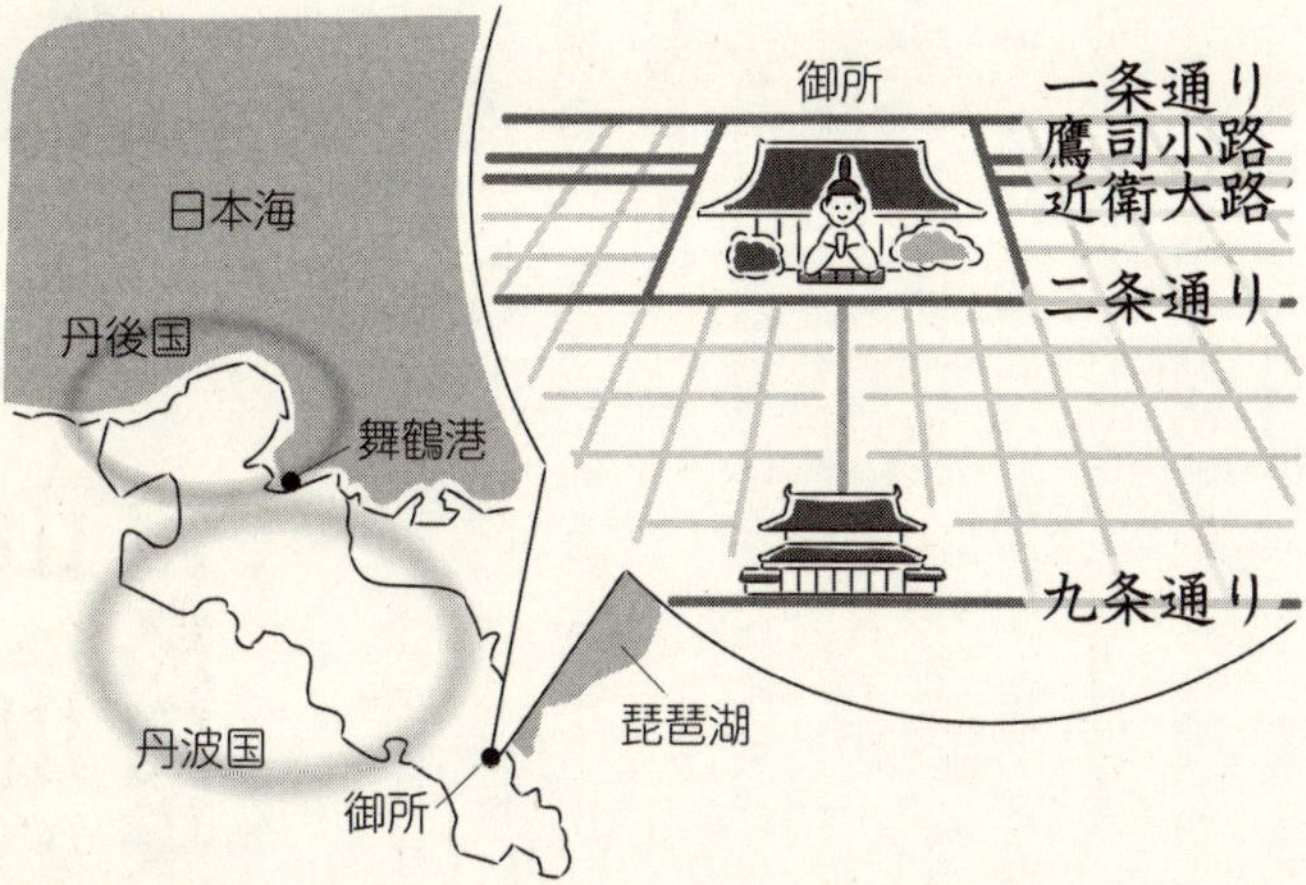

同じように、都として栄えた京都市内にも地域色はあまりない。近畿地方の他府県でも見られるように、「田中」「山本」「中村」さんが多数を占めていて、まさに、「ザ・西日本」といった構成なのだ。

京都というと、「一条」「二条」「九条」のように「条」がついた名字を思い浮かべる人もいるかもしれない。これに「近衛（このえ）」「鷹司（たかつかさ）」を加えた5つを「五摂家」と呼ぶが、貴族の名字として有名だ。これらの名字は、それぞれの邸宅があった地名に由来する。

「嵯峨」「岩倉」「姉小路」などのいかにも京都らしい名字も、地図に見ることができる。

いかにも京都らしい名字ではあるが、じつはこれらのような地名由来の公家の名字はかなり少数派なのである。

奈良県

山・川・森・林……自然由来の名字が集中している

奈良県の名字は地形に由来するものが多い、典型的な西日本型だ（31ページ参照）。「山本」、「田中」、「吉田」、「中村」は、近畿地方ではどの府県でも上位に入る名字だが、奈良県の場合は、その後に続く名字にも「川」や「山」「森」「岡」「林」などの字が圧倒的に多いのが特徴といえる。

また、古都ならではの干支に由来する名前も多い。

旧暦では干支で方位を表していて、北の方角から時計まわりに「子《ね》」「丑《うし》」「寅《とら》」「卯《う》」「辰《たつ》」「巳《み》」……となり、東が「卯《う》」、南は「午《うし》」、西は「酉《とり》」になる。

平城京は当時の先進国だった唐の都の長安にならい、東西南北にのびる街路で区画されていたから方位もわかりやすかったのだろう。

神社仏閣の東南の方角に住んでいた人は、「辰」と「巳」の間ということで「辰巳」や「巽」と名乗り、また北西は「戌《いぬ》」と「亥《い》」の間なので「戌亥」や「乾」を名乗っている。

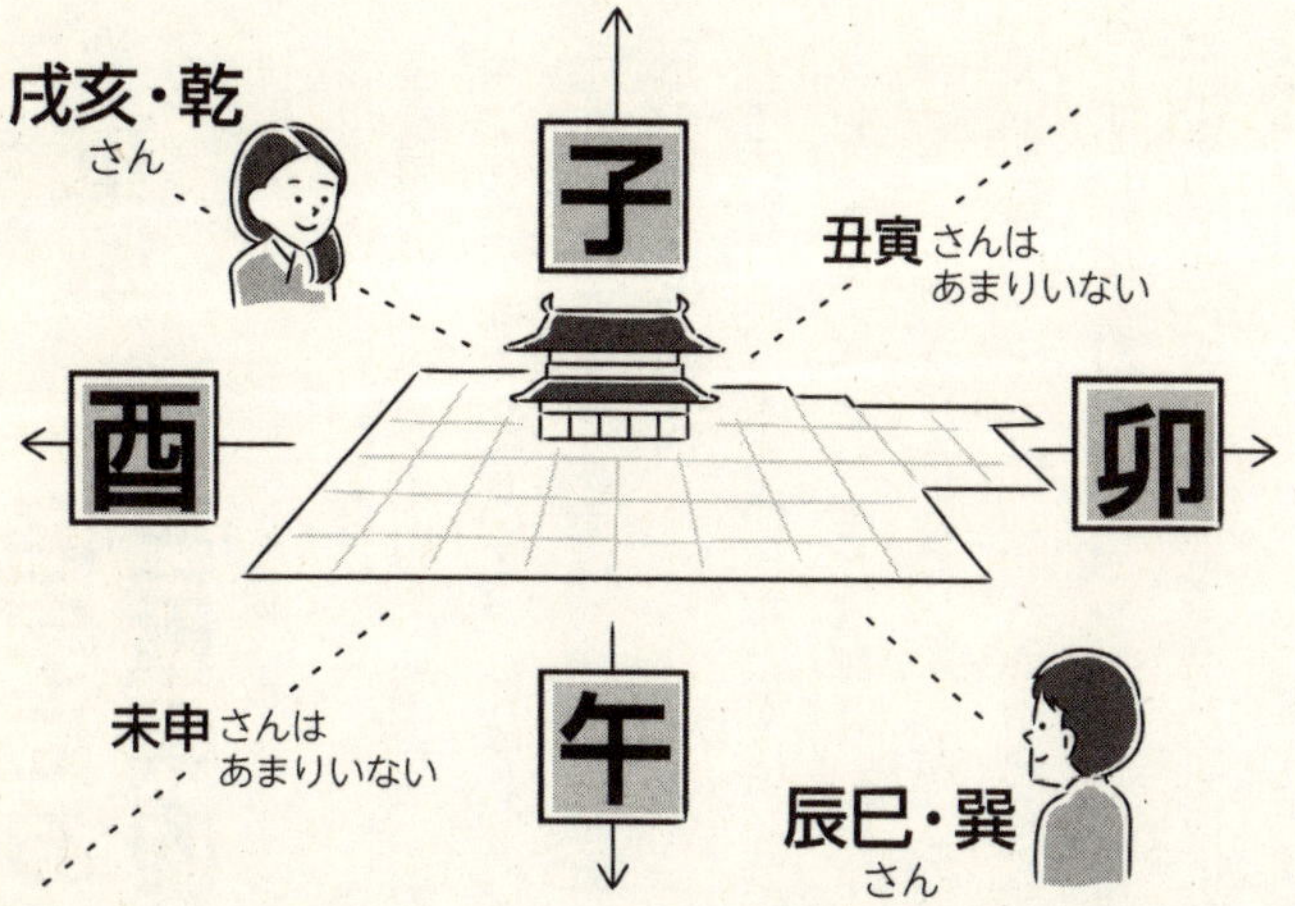

同じように、北東の方角は「丑寅《うしとら》」、南西は「未《ひつじ》申《さる》」になるわけだが、丑寅は鬼門ということであまり縁起がよくないことから（90ページ参照）名乗っている人はほとんどいない。また未申も、名字にするには言いにくいせいか、さすがに名乗る人はいなかったようだ。

同様に方角に由来する名字も多く、県内の名字ランキング200位の中に「東」、「南」、「西」が見られる。

なかでも多いのが「東」なのだが、県北部には「あずま」さん、県南部では「ひがし」さんが多い。その比率は「あずま：ひがし＝45：55」となっている。

なぜ、奈良で「東」が多いのかは定かではないが、中国の風水では東は発展運をもたらす方角だというので、何か関わりがあるのかもしれない。

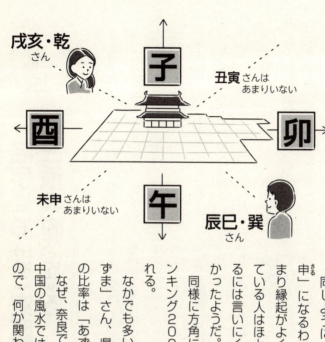

三重県

名字における東西の境目は三重県内にある

三重県では「伊藤」「山本」「中村」「田中」「鈴木」といった、全国的にもメジャーな名字がランキング上位を占めている。なかでも「伊藤」は飛び抜けており、県の北部は1割以上の人が伊藤さんだ。そもそも伊藤は「伊勢の藤原」を意味しているので(37ページ参照)、三重に多いのも当然の話なのである。

ところで、東日本と西日本とでは、味の好みや習慣、文化など、さまざまな点で違いがあるが、名字もまた東と西で特徴が異なる(31ページ参照)。

では、どこで分かれるのだろうか。そのポイントとなるのが三重だ。

太平洋側はここできっちり線引きできるというラインはないのだが、三重の状況は面白い。北部は明らかに東日本タイプである一方、伊賀地区や南部は西日本タイプなのだ。県の中部を流れる雲出川あたりが、ちょうど分かれ目になっているらしい。つまり、三重県の中に東西の境目があるわけだ。だからこそ、東西を代表する名字が混在する形になっているのである。

兵庫県

「藤原」さんが日本で一番多い

北は日本海から、南は瀬戸内海の淡路島にまで広がる兵庫県は、摂津国、播磨国、丹波国、但馬国、淡路国という5つの旧国からなっているため、地域によって名字の構成もかなり違ってくる。

兵庫県でもっとも多い名字は、西日本の代表的な名字である「田中」と「山本」だ。その数はかなり拮抗していて、調査によっては1位と2位が入れ替わることもあるという。

また、「藤原」がもっとも多いのも特徴のひとつだ。藤原というと藤原氏が最大勢力を誇った京都や、藤原京の奈良を思い浮かべるが、名字の数としては兵庫県がもっとも多い。

また、丹波市では「足立」が多く、青垣という地区で足立姓の分布を調査したところ、じつに全戸数の38パーセントが足立さんで、なかには〝オール足立〟の自治体もあったという。

足立は鎌倉時代の御家人だった武蔵国足立郡（現在の東京都足立区と埼玉県の南東部）の足立氏が発祥で、子孫が青垣を所領して繁栄を築いた。その歴史が現在につながっているのだ。

一方で、人口の流入が多かった阪神地区や淡路島にはこれといった特色がないようだ。

大阪府

「谷」で終わる名字は元屋号？

大阪府は面積の小ささでは香川県に次ぐ全国第2位だが、名字の種類はかなり多い。なかでももっとも多い名字は「田中」なのだが、それでも大阪府民882万人のうちのわずか1・4パーセントでしかなく、その数は12万4000人ほどである。2番目に多い「山本」も1・2パーセントで、特定の名字にかたよっているということがないのだ。

これは、大阪が「天下の台所」といわれていたことと関係している。

かつての大阪（大坂）は、瀬戸内海と近畿の主要な川を結ぶ水運ルートの拠点で、特に西日本との行き来が盛んだった。

江戸時代には、各地の藩が特産物を販売するために蔵屋敷を置き、なかでも大坂には全国の物資が集まってきたのだ。そのため、さまざまな地域から人が流入してきて、自然と名字の数も増えていったのだと考えられる。

また、商人の町だったことが名字に色濃く残っている地域もある。そのひとつが南部にある岸

和田市だ。

だんじり祭で有名な岸和田市には、明治になって名字を登録する時に屋号を名字にした家が多かったようだ。

ただ、屋号をそのまま使うのではなく、「屋」を「谷」に変えてある。「佐野川谷（さのがわや）」、「讃岐谷（さぬきや）」、「淡路谷（あわじや）」、「和泉谷（いずみや）」、「小間物谷（こまものや）」などは、大阪らしさが残っている名字なのだ。

また、戦国時代には国際貿易都市として栄え、東洋のベニスといわれた堺市には、「陶器」や「鉛」、「具足」など、屋号から「屋」を取って名字にしたパターンもある。

大阪独特の名字からは、江戸時代の町のにぎやかさが伝わってくるようだ。

和歌山県

全国で2番目に多い名字「鈴木」の発祥地

日本で2番目に多い「鈴木」という名字のルーツは、和歌山県海南市の藤白神社にある。その境内にある鈴木屋敷が、全国の鈴木さんの宗家にあたるのだ（38ページ参照）。

一方で、和歌山県は近畿地方の中でもっとも特色のある名字が多い県でもある。

たとえば、「南方（みなかた）」は和歌山県固有の名字で、もちろん〝知の巨人〟といわれる学者の南方熊楠《くまぐす》も和歌山県出身だ。

「中尾」さんや「貴志（きし）」さんも多く、全国の中尾さんの3人に1人、そして貴志さんに関しては2人に1人が和歌山県在住だという。

また、全国的にはそれほど多くないのだが、和歌山県で多い名字が「玉置（たまき、たまおき）」だ。熊野川町の玉置口が発祥で、こちらも全国の4人に1人が和歌山県に住んでいる。

そして、市や町の多くが太平洋に面している県らしく、「潮崎」や「漁野」、「汐見」といった海や漁にまつわる名字もよく見られる。古来の特色が色濃く残っている地域なのである。

鳥取県

山根という地名からきた「山根」さんが多い

鳥取県は47都道府県の中でもっとも人口が少ないが、日本神話から続く伝説や昔話がたくさん語り継がれている。そもそも鳥取という県名も大和朝廷の組織のひとつで、鳥を朝廷に献上する鳥取部《ととりべ》からきているなど古い歴史が残る地域だ。

そんな鳥取県で、他県よりも多い名字といえば「山根」だ。

この名字は地名が由来になっていて、低い山の麓を意味している。

山根という地名は全国に13カ所あるが、そのうちの4カ所が鳥取にある。そのため、そこに住んでいる人々が山根を名乗ったのだろう。名字では「田中」「山本」に次いで多い。

また、八頭《やず》郡発祥の名字には「石破（いしば）」がある。自民党の石破茂氏も八頭郡出身だ。その石破氏によるとこの名字は、後醍醐天皇から授かったらしい。

後醍醐天皇が流刑になって、隠岐島に流される時に八頭の村人が一生懸命お迎えした。そのお礼に京都の由緒ある「石橋」姓にちなんで、石破を授かったという話が伝わっている。

岡山県

岡山に「三宅」さんが多いわけとは

中国地方の岡山県は山陽道で大阪や神戸とつながっているが、近畿地方でランキング1位、2位の座を争ってきた「田中」「山本」の名字がここへきて変化する。

岡山県でもっとも多い名字は「山本」だが、2位には「藤原」、3位に「三宅」、4位に「佐藤」と続き、ようやく5位に「田中」が現れるのだ。

三宅が上位に入るのは全国でも岡山県だけで、全国の三宅さんの5人に1人が岡山県に在住している。三宅とは、大和朝廷の直轄領で採れた穀物を貯蔵していた穀物庫のことで、児島郡三宅郷に児島屯倉《みやけ》があった。それに由来して古代の豪族が三宅氏を名乗ったという。

ところで、岡山といえば豊臣政権の五家老のひとり、宇喜多秀家のお膝元だが、「宇喜多」の名字はあまり見られない。

宇喜多氏は関ケ原の戦いに敗れ、八丈島に流されて没落したため、残された一族は「浮田」と表記を変えたのだ。その浮田さんは今でも全国の中で岡山県にもっとも多い。

島根県

西日本と東日本の名字が同居する

島根県の名字は、西日本のものと東日本のものをミックスした構成になっている。

1位が「田中」、2位が「山本」で、これは典型的な西日本のパターンだが、トップ10には「佐々木」や「原」、「佐藤」、「伊藤」、「斎藤」などの東日本に多い名前もランクインしているのだ。

佐々木さんが多いのは、鎌倉時代に宇多源氏佐々木流に属する武士が出雲と隠岐の守護職としてやってきたからで、以来、代々守護を務めたことから佐々木姓が定着したようだ。

また、「佐藤」や「斎藤」など東北地方の日本海側に比較的多い名字が見られるのは、江戸時代に温泉津港《ゆのつこう》という港が日本海航路の拠点のひとつになっていたことと無関係ではないという。

ところで、島根は出雲国と石見国《いわみ》という2つの旧国からなる県だ。出雲には、神無月に全国から神様が集まるとされる出雲大社があり、「神門（かんど）」や「神庭（かんば）」など神様にちなんだ名字もある。島根県出身の有名人では、プロテニスプレイヤーの錦織圭選手の「錦織」や、元女優の江角マキコさんの「江角」なども島根らしい名字だという。

広島県

栗栖を「くりす」と読むのはキリスト教由来？

広島県の名字の特色といえば、他県に比べて「本（もと）」がつく名字が多いことだ。しかも、あまり聞いたことのない珍しい名前が多い。たとえば、「畝本（うねもと）」や「胡本（えびすもと）」、「垰本（たおもと）」、「茅本（かやもと）」など、読むのもひと苦労する名字が並ぶ。

また、他の県では目立たないのに、広島でだけ上位に食い込んでくるのが「村上」である。中国・四国地方で村上といって思い出すのが、瀬戸内海を支配していた村上水軍だが、広島に限らず瀬戸内海に面した県には村上さんが多い。

また、広島県に多い名字に「栗栖」がある。栗栖の名字は全国に散らばっているが、各県数十〜数百人程度と数は少ない。ところが、広島だけ4000人弱の栗栖さんが住んでいる。

この名字は「くりす」と読むのだが、これは「キリスト」が由来ではないかという説もある。つまり、キリシタンが使った名字ではないかということだ。

キリシタンというと長崎が思い浮かぶが、広島にも隠れキリシタンは多かったのだ。

山口県

「阿武」と書いて何と読む？

本州最西端の山口県までくると、再び西日本の名字のトップ3である「山本」「田中」「中村」が1～3位にランクインする。

山口県の固有姓といえば、「水津（すいつ）」や「阿武（あんの）」などがある。吉見氏や毛利氏に仕えた一族で、江戸時代には長州藩主となったという。

阿武さんは、萩市の隣の阿武郡が発祥だが、ここは古代に阿武国《あむのくにの》造《みやつこ》が支配した地域で、『日本書紀』にも登場する。

地名は阿武と書いて「あぶ」と読むが、山口県北部では「あんの」と読む。アテネオリンピック柔道で金メダルに輝いた阿武教子選手は「あんの」さんで、阿武郡の出身だ。

なぜ「あんの」なのかというと、阿武国と書いて「あむのくに」と読むからだ。つまり、「阿武」が「あむの」になり、それが変化して「あんの」になったという。7世紀になって阿武国は穴門《あなとの》国《くに》の領域になり国の名前は消滅したものの、名字として現在まで残っているのだ。

香川県

「大西」さんがトップなのは香川県だけ

「大西」さんは全国に18万人ほどいて、西日本にもまんべんなく広がっている。

隣の徳島県や瀬戸内海を挟んだ兵庫県にもこの名字は多いが、面積が日本一小さい香川県でダントツに多いのがこの「大西」なのだ。そのルーツは諸説あるが、徳島県三好市池田町大利大西地区あたりが発祥になっているともいわれている。

そのほかには、上杉謙信の元の名字である「長尾」さんや、清和源氏の流れをくむ「多田」さん、徳島県三好町がルーツの「三好」さんなどがいる。

また、香川県ではポピュラーな「真鍋」さんは高松市や三豊市に多い。茨城県土浦市にも真鍋という地名があるが、こちらは土浦町と真鍋町が合併して土浦市になった。

ところで、県名と同じ「香川」さんだが、もっぱら川の名前からついたといわれている。「かが川」の「かが」が平たんな草地を意味するという説や、「枯川《かれかわ》」が転じてかがわになったとする説などがある。

徳島県

「板東」さんは徳島固有の名字なのか？

徳島県といえば阿波踊りが有名だが、だからといって「阿波」さんがダントツに多いかといえばそんなことはない。

ランキングのトップは「佐藤」で、「近藤」、「吉田」と続くのだが、西日本に多い「田中」や「山本」も多く、東西が複雑に入り混じっている。地域の特徴としては、「美馬（みま）」や「川人（かわひと）」「三木」「麻植（おえ）」など独特な名字もある。

ところで、「カミソリ後藤田」の異名をとり、日本政界で辣腕を振るった元官房長官の後藤田正晴氏は吉野川市の出身だ。この後藤田（ごとうだ）という名字は、ある人物が「後の権太」と名乗ったものが「後権太」となって、「太」を「田」に置き換えて名字にしたものだという。

また、県内には吉野川が流れているが、上流の「坂東」が下流になると〝坂〟が〝板〟にすげ変わって「板東」が多くなるという。板東は特に徳島県に多く、固有の名字でもある。元プロ野球選手の板東英二さんは板野郡板東町（現在の鳴門市）の育ちだ。

高知県

全国の「西森」さんの4人に3人が高知県在住

高知市上町で生まれた維新の英雄・坂本龍馬。先祖は「本能寺の変」のあとに当時の殖田郷《うえだ》才谷村《さいたに》（現・南国市）に落ちてきた明智光秀の一派だという。四国はもちろんのこと、和歌山県や熊本県、鹿児島県などにもこの名字は多い。

「坂本」自体は全国に散らばっている名字だが、語源は坂を下ったふもと、つまり坂の入り口で、そこに住んでいた人が坂本と名乗っていたらしい。

愛媛と同じように高知もまた地域特有の名字が多く、「岡林」は全国の半分、「楠瀬（くすのせ）」や「公文（くもん）」に至っては6割がこの県の在住者だ。

「公文式」を知らない人はいないと思うが、この「KUMON」の由来は創始者の公文公《とおる》の名前からとっている。もちろん、公文氏は高知県生まれだ。

また、全国に住んでいる「西森」さんのうち4人に3人が高知県に住んでいる。しかも、高知市と土佐市の間を流れる仁淀《によど》川流域の西の方に9割以上が集中して住んでいるという。

愛媛県

ランキング2位の「村上」は村上水軍の末裔が多いから？

愛媛県といえば、夏目漱石の名作『坊ちゃん』があまりにも有名だが、小説家としてこの地で生まれているのが大江健三郎氏だ。

多くの著名人を輩出している愛媛県だが、その昔は村上水軍をはじめ越智水軍、河野水軍など瀬戸内海の海賊が巣食う土地でもあった。

そのせいかはわからないが、愛媛県で一番多い「高橋」に続いて「村上」は2位で、3位には「越智（おち）」が入っており、「河野」もベスト20に顔を出している。

なかでも「越智」は全国の半数が愛媛県に住んでおり、県外に住んでいる越智さんのほとんどが愛媛県出身者だという。「愛媛県といえば越智」というくらい有名なので、まさに愛媛を代表する名字なのだ。

愛媛県にはほかにも固有の名字が多く、「正岡」さんや「仙波（せんば）」、「一色」さんなどがいる。

ただ、県名である「愛媛」は、名字としては存在しないといわれている。

福岡県

「古賀」さんは福岡か佐賀の出身と思って間違いない

昭和を代表する作曲家といえば、古賀政男氏をおいてほかにない。その古賀氏は、1904年に三猪《みずま》郡田口村（現・大川市）に生まれている。

〝平成の三四郎〟の異名をとった柔道の金メダリストの古賀稔彦《としひこ》氏も、佐賀県三養基《みやき》郡北茂安町（現・みやき町）出身だ。

「古賀」は九州独特の名字で、全国のおよそ半分弱が福岡県に住んでいる。隣の佐賀県にも多い名字で、この2つの県を足すと全国の古賀さんの6割がこの両県に在住している計算になる。古賀さんといえば、福岡県か佐賀県の出身と思って間違いないといわれるくらいだ。

しかし、福岡県でダントツに多い名字は何といっても「田中」で、2位以下に大きく水をあけている。そして2位は「中村」で、3位が「井上」、そして古賀は4位につけている。

ところで、福岡県らしい名字といえば「石橋」がある。特に筑後地方は全国有数の〝石橋さん集中地帯〟だ。ブリヂストンの創業者である石橋正二郎氏は久留米市の出身だ。

大分県

関東地方と名字の分布が似ているのはなぜ？

九州地方には地域独特の名字や西日本に見られる名字が多いが、唯一、東日本と名字の分布が似ているのが大分県である。

たとえば、大分県でもっとも多い名字は、関東や東北に多い「佐藤」さんだ。また、東北に多い「渡辺」や「高橋」、「阿部」姓も多く、九州では珍しい東日本型なのだ。

その理由は源平合戦にまでさかのぼる。大分県では、平安時代に緒方氏が強い勢力を持っていた。この緒方氏は源平合戦で源氏についたものの、源頼朝と源義経が争った際に義経の逃亡を手助けし、そのことが原因で失脚、所領を奪われてしまう。

その後、この地に鎌倉幕府が東国の武士を次々と送り込んだため、関東の名字が増えていった。

さらに、その中から大友氏が台頭して戦国大名になったが、豊臣政権下で滅亡する。そして江戸時代には小大名が分立し、再び関東から武士が移住してきたのである。大分県で東日本に多い名字が増えていった理由には、武将たちの興亡の歴史が深く関わっていたのだ。

佐賀県

「源五郎丸」さんが持つ意味とは？

元阪神タイガース選手の源五郎丸洋さんの「源五郎丸（げんごろうまる）」という名字を覚えている人もいるだろう。入団時に「GENGOROUMARU」という12文字がユニフォームの背中にきちんと収まるのかということで話題になった珍しい名字だが、この「源五郎丸」は現在の佐賀県と長崎県にあたる肥後《ひご》が起源だといわれている。

源五郎さんという人が開拓した土地に由来するといわれ、そのため佐賀県に多い。

そのほか佐賀県で独特な名字といえば「龍造寺（りゅうぞうじ）」だが、これは戦国時代に龍造寺隆信《たかのぶ》という有力な大名がいたことによる。もともとは藤原氏だったが、住んでいた地名から龍造寺としたといわれる。また、この龍造寺家は江戸時代に家臣の「鍋島」家にとって代わられ、以降は鍋島家が肥前藩主として佐賀県の大半を治めている。

龍造寺さんも鍋島さんもそれほど多い名字ではなく、佐賀県独特の名字なので、この名字の人に出会った時には「佐賀県にルーツがある人だな」と思ってほぼ間違いないだろう。

熊本県

火の国らしい名字、「阿蘇」さん

「火の国」といわれる熊本県のシンボル的存在になっているのが阿蘇山だ。

　この阿蘇地方に由来する「阿蘇（あそ）」さんも熊本県ならではの名字である。

　阿蘇氏は、肥後国（現在の熊本県）で昔から親しまれてきた阿蘇神社の代々の大宮司を務めた古代の豪族だ。神武天皇の子孫である健磐龍命《たけいわたつのみこと》が阿蘇を与えられ、その子が阿蘇を統治する地方官の国造《くにのみやつこ》に任命されて、のちに阿蘇神社を建立したと伝えられる。

　平安時代には武士になって勢力を広げたが、南北朝時代に南朝と北朝に分かれて内紛になったことで衰退してしまった。

　そのため、今では熊本県の名字ランキングの200位内にも入らないが、その名前を聞いただけでも熊本県の出身かと推測できる名字である。

　そのほか、熊本県を代表する名字には、女子プロゴルファーの古閑美保さんの「古閑（こが）」や、「田上（たのうえ）」、「井（い）」、「有働（うどう）」などがある。

宮崎県

もっとも多い「黒木」さんの由来とは？

「黒木（くろき）」さんが飛び抜けて多く、県最多の名字になっているのが宮崎県である。

黒木といえば宮崎県というくらい特有の名字で、その他の地域ではほとんど見られない。黒木さんに出身地を聞いてみると、宮崎県出身だと答える確率がかなり高いはずだ。

だが、意外なことに、この「黒木」という名字の発祥地は宮崎県ではないのだ。黒木とは針葉樹を意味する言葉で、そのルーツは現在の福岡県八女《やめ》市黒木《くろぎ》町なのである。

この地に勢力を持った黒木氏は南北朝時代には南朝に属し、戦国時代には大友氏に仕えていた。しかし、豊臣政権下で大友氏が滅亡したことにより一族が宮崎県に移住して、宮崎県独特の名字として増えていったのではないかと考えられている。

ちなみに、女優の黒木瞳さんは宮崎県出身ではない。黒木瞳は芸名で、命名の由来は黒木のルーツとなった福岡県八女市黒木町だ。黒木瞳さんの出身地がこの黒木町だったことから、同じく八女市出身の作家である五木寛之氏が命名したということである。

長崎県

対馬で圧倒的に多い「阿比留」さん

長崎県は離島の数が971と日本一多い。

離島ではいわゆるガラパゴス化が進んで独特の名字が多いものだが、壱岐や五島列島は古くから人の行き来が盛んだったためか、それほど独自の名字が目立つことはない。

たとえば、中通《なかどおり》島の「大瀬良（おおせら）」さんや、小値賀《おぢか》島の「博多屋（はかたや）」さんなど、それぞれの島で特徴的な名字はあるのだが、これといって飛び抜けて多い名字があるわけではないのである。

しかし、対馬だけは「阿比留（あびる）」さんがなぜか圧倒的に多い。

畔蒜（あびる）とは、畦道にネギやノビルなどの蒜が茂っている場所のことだが、その出身地から「あぜひる」→「あんびる」→「あびる」となって、阿比留の当て字が使われたといわれている。

上総国《かずさのくに》（現在の千葉県中部）畔蒜荘出身の阿比留一族が対馬に渡って勢力を強めたことで、今も阿比留さんが圧倒的に多いというわけだ（74ページ参照）。

鹿児島県

二重鎖国によって残った独特の名字

九州の最南端に位置する鹿児島県は、他県に比べて独特の名字が多く残っている県だ。

これは、大河ドラマの『西郷どん』にも登場する島津斉彬の島津氏に関係がある。

鹿児島県は、鎌倉時代から幕末まで６００年以上の長きにわたって島津氏が支配していた。他氏の支配を受けなかったことで、人の移動による名字の移動が起きなかったのだ。

しかも、江戸時代に薩摩藩は独自の政策で他の地域との交流を禁止した。当時の日本は鎖国していたから、国内の他地域との交流も禁じた鹿児島県は、いわば二重の鎖国状態になったのである。これにより、さらに流入がなくなり、独特の名字が育っていったというわけだ。

たとえば、「松元」や「坂元」、「岩元」など、「本」ではなく「元」を使う名字が目立つのも鹿児島県の特徴である。

また、「山之内」、「田之上」、「堀之内」などのように「之」が入る名字や、「勇（いさみ）」、「太（ふとり）」、「井（わかし）」、「進（すすむ）」など漢字1文字の名字も多い。

沖縄県

3文字の名字が全国一多いわけ

かつて琉球王国として栄え、戦後の沖縄返還まで本土との交流があまりなかった沖縄県には独特の名字が多く残っている。なかでも3文字の名字の多さは全国一だ。「喜屋武（きゃん）」、「仲村渠（なかんだかり）」、「我那覇（がなは）」、「渡嘉敷（とかしき）」、「与那嶺（よなみね）」などの名字は、沖縄らしい地名がルーツになっている。

3文字の名字が多いのには、ほかにも理由がある。それは、薩摩藩が琉球王国を征服したのちに、「大和めきたる名字の禁止」の通達をしたことに由来するものだ。薩摩藩は琉球王国と本土の人を区別するために本土風の名字を改めたり、当て字で3文字の名字に変更したりするように通達したのである。

たとえば、お笑いコンビのスリムクラブの真栄田賢氏は沖縄出身だが、この「真栄田」も本土では「前田」と書くのを、沖縄では3文字の表記になったものだ。そのほか「中曽根」は沖縄では「仲宗根」さんに、「船越」は「富名腰」さんと書き、沖縄独特の名字にしたのである。

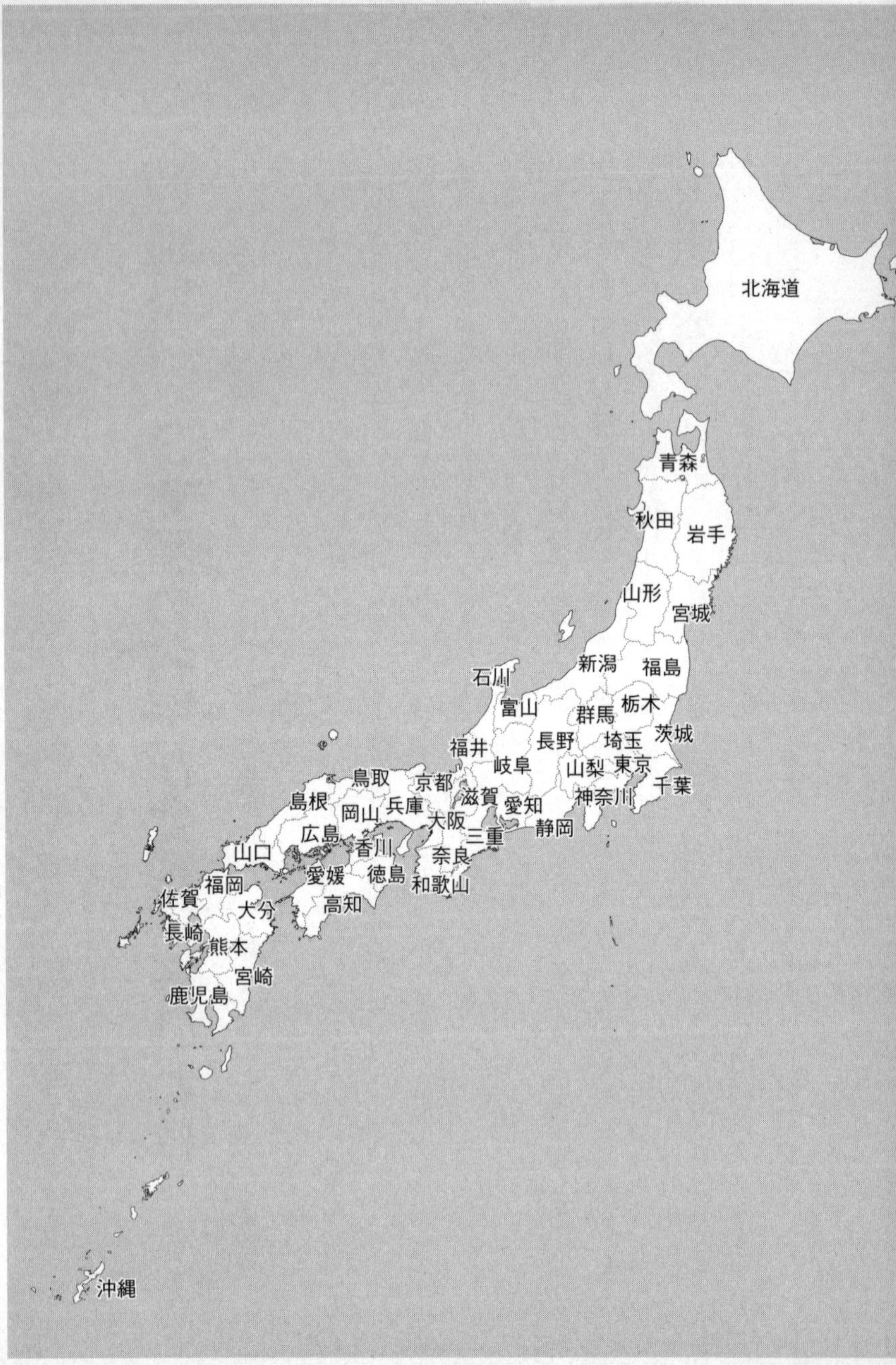
北海道
青森
秋田
岩手
山形
宮城
新潟
福島
石川
富山
群馬
栃木
茨城
福井
長野
埼玉
岐阜
山梨
東京
千葉
鳥取
京都
滋賀
愛知
神奈川
島根
岡山
兵庫
大阪
広島
香川
三重
静岡
山口
奈良
愛媛
徳島
和歌山
福岡
佐賀
高知
大分
長崎
熊本
宮崎
鹿児島
沖縄

6章

全国名字ランキングトップ100

（監修：名字由来ｎｅｔ）

No.1 佐藤さん

東北地方では、ほぼすべての県でランキング1位。名実ともに日本一の名字だ。政治家、芸能人、アスリートとさまざまな人物の顔が浮かぶ。元首相の佐藤栄作は源氏車紋を使用。

No.2 鈴木さん

収穫後の稲わらを積み上げた「すすき」に由来し、和歌山県発祥。東海から関東にかけて広がり、「ず」と濁った。源義経に仕えた鈴木三郎重家の子孫という家が多い。

No.3 高橋さん

天の神様と地の人間を結ぶ架け橋が「たかはし」で、その役割を担った神職が好んで使用した。東北や関東地方に多く、高い橋（ブリッジ）や、高台の端に由来することもある。

No.4 田中さん

全国のうち30を超える都道府県で10位以内に入る名字。田んぼの中に定住する「田居中」が省略されて田中になったという。西日本に多いのは、大陸から稲作が最初に伝わったからである。

No.5 伊藤さん

藤原氏の末裔であることから「藤」の字を用いた。また、「伊」は伊勢（三重県）や、伊豆（静岡県）を治めていたことに由来する。伊勢の伊藤は藤紋、伊豆の伊藤は木瓜（もっこう）紋を愛用する。

No.6 渡辺さん

淀川の渡しにあった「渡辺」という地名に由来する。渡辺とは渡り辺で、対岸に渡る渡し場のこと。その地名に、京都一条戻り橋で鬼の片腕を切り落とした渡辺綱が住んで名字とした。

No.7 山本さん

山本とは山のもと、山の麓のこと。山の麓に住んでいた人やかつて山に住んでいた人が「元は山の住人」という意味で山本を名乗った。山には祖先の霊が宿ることから神職が多い。

No.8 中村さん

中心となる村や集落に暮らした人、また、村で中心的存在だった人が名乗ったのがルーツとされる。中村の地名は日本でもっとも多いともいわれる。鹿児島県では最多姓。

No.9 小林さん

読んで字のごとく「小さい林」に由来する。雑木林や、ときに氏神を祀る祠がある聖域を小林と呼ぶこともあった。長野県に多く、諏訪大社上社の大祝（おおほうり）諏訪氏の一族などにいる。

No.10 加藤さん

「伊藤」同様に藤原氏の末裔で、加賀国（石川県）の藤原氏が「加」の字を用いたことによる。加藤氏は伊勢に移ったため、「加藤」は東海地方に多い。

No.11

吉田さん

地名発祥。吉田とは豊穣を願った田のこと。

No.12

山田さん

日本は国土の4分3が山地。まさに山田さんの国。

No.13

佐々木さん

滋賀県の沙沙貴（ささき）神社（佐佐木大明神）から発祥。

No.14

山口さん

九州、東北と広く分布するも、山口県では少ない。

No.15

松本さん

常緑で縁起のいい松の木にちなんだ名字。

No.16

井上さん

井戸や川の上流にちなんだ名字。

No.17

木村さん

南関東に密集。青森県と北海道にも多い。

No.18

林さん

山が多ければ林も多い。愛知・岐阜県に多い。

No.19

斎藤さん

伊勢神宮の皇女斎宮（さいぐう）に仕えた藤原氏の子孫。

No.20

清水さん

清水が湧き出る山間部の、長野県などに多い名字。

No.21
山崎さん
地形姓。山崎とは山の稜線がのびたところ。

No.22
森さん
森林のほか、盛り上がった地形にも由来。

No.23
池田さん
農業に欠かせない用水池に由来する名字。

No.24
橋本さん
橋のたもとを表し、「橋元」「橋下」と記すこともある。

No.25
阿部さん
東北地方に多く、奥州阿部氏がルーツとされる。

No.26
石川さん
石の多い川に由来する。ただし石川県には少ない。

No.27
山下さん
東海と九州に多い。山麓に暮らした人の名字。

No.28
中島さん
九州では濁らない「なかしま」が多い。

No.29
石井さん
千葉県の発祥で、桓武平氏の子孫。関東に多い。

No.30
小川さん
千葉県に多く、小川のそばに暮らす人が名乗った。

No.31

前田さん

兵庫県や大阪府に多い。前田利家は菅原姓という。

No.32

岡田さん

岡に住んでいた人。愛知県の名族は源氏の子孫。

No.33

長谷川さん

長い谷を流れる川のこと。鬼平こと長谷川平蔵は藤原姓。

No.34

藤田さん

兵庫県に多いが、ルーツは関東の名族との説もある。

No.35

後藤さん

藤原の後裔（子孫）、または備後守だった藤原氏の末裔。

No.36

近藤さん

近江国（滋賀県）の藤原氏の子孫。現在は愛知県に多い。

No.37

村上さん

瀬戸内の村上水軍が有名。ルーツは長野県で源姓。

No.38

遠藤さん

遠江国（静岡県）の藤原氏が名乗った。

No.39

青木さん

平安の武士団・武蔵七党にも見られ、関東に多い。

No.40

坂本さん

坂のふもとに住んでいた人が名乗った名字。

No.41
斉藤さん
斎藤の「斎」を省略して「斉」を用いた。

No.42
福田さん
地名発祥。豊かな田への祈りを込めて「福」を用いた。

No.43
太田さん
地名発祥。江戸城を築いた太田道灌は源氏の子孫という。

No.44
西村さん
中心的存在の「中村」より西にある村に由来する。

No.45
藤井さん
山陰地方に多く、茨城県発祥は源氏の末裔。

No.46
岡本さん
西日本に多く、「岡のふもと」が由来。

No.47
藤原さん
中臣鎌足が天智天皇より賜った藤原氏にちなむ。

No.48
金子さん
武蔵国入間郡（埼玉県）から発祥した平姓金子氏が広まった。

No.49
三浦さん
三浦半島から発祥。鎌倉御家人の三浦氏は東北で繁栄した。

No.50
中野さん
上野と下野の間にある野原に由来。大阪府に多い。

No.51
中川さん
北陸に多く、野原の中央を流れる川に由来。

No.52
原田さん
原野に由来。東海、山陰、九州北部に多い。

No.53
松田さん
松は冬でも緑が枯れない縁起のいい木。松の木に由来。

No.54
竹内さん
愛知県と長野県に多い。源氏の出身で公家になった竹内氏も。

No.55
小野さん
小さな野だけではなく、神聖な野も「おの」と言った。

No.56
田村さん
群馬県に多く、大名田村氏は坂上田村麻呂将軍の子孫。

No.57
中山さん
山あいの盆地や盆地の中の山に由来。神奈川県に多い。

No.58
和田さん
相模国和田（神奈川県）の和田氏は平氏で、全国に広がる。

No.59
石田さん
石まじりの土地に由来。石田三成は近江国（滋賀県）出身。

No.60
森田さん
森田とは森のそばや盛り上がった土地のこと。

No.61
上田さん
上手の土地に由来する。近畿地方に多い。

No.62
原さん
平らなところ、広いところなどの地形に由来する。

No.63
内田さん
自分（うち）の田を表すという説もある。

No.64
柴田さん
愛知県に多く、柴田勝家は源氏の子孫という。

No.65
酒井さん
もとは境界の「境」で「酒」は当て字。

No.66
宮崎さん
お宮の前（先）に住んだ人たちが名乗った。

No.67
横山さん
横に山がある、また長い尾根など地形に由来する。

No.68
高木さん
神が降りると尊ばれた背の高い木に由来する。

No.69
安藤さん
安倍氏と藤原氏が血縁になって生まれたともいわれる。

No.70
宮本さん
宮、つまり神社のふもとに住む人が名乗った。

No.71

大野さん

大きな野、あるいはすそ野に由来する。

No.72

小島さん

小さな島、小さい地域を意味する名字。

No.73

工藤さん

朝廷の建築をつかさどった木工寮の藤原氏に由来。

No.74

谷口さん

谷の入り口に由来する地名姓。西日本に多い。

No.75

今井さん

新しい井戸や水くみ場にちなんでいる。新潟県に多い。

No.76

高田さん

高台の土地に由来する。兵庫県、大阪府に多い。

No.77

増田さん

四角い「桝」形の土地に佳字の「増」を当てたもの。

No.78

丸山さん

人の手による円墳や、山などの地形に由来する。

No.79

杉山さん

杉の生えている山に由来する。静岡県に多い。

No.80

村田さん

田の多い村、村人が作った田に由来する。

No.81

大塚さん

大きな塚、つまり大きな古墳などに由来する。

No.82

新井さん

新しい井戸、新しく掘った川に由来し、埼玉県に多い。

No.83

藤本さん

近畿よりも西に多い。奈良県発祥は平家の子孫。

No.84

小山さん

「こやま」読みが多いが、東北では「おやま」読みも。

No.85

平野さん

平らな野原に由来する。南関東と東海地方に多い。

No.86

河野さん

瀬戸内の河野水軍が有名。大分、宮崎県に多い。

No.87

上野さん

上手の野原に由来する。上野国は群馬県のこと。

No.88

武田さん

武田信玄のルーツは清和天皇の流れをくむ清和源氏。

No.89

野口さん

原野の入り口に由来する地名姓。関東、福岡県に多い。

No.90

松井さん

ご神木だった松の近くに住む人が名乗った。

No.91

千葉さん

鎌倉幕府の樹立に貢献して全国に所領を得た千葉氏は平姓。

No.92

菅原さん

奈良市菅原町から発祥した菅原道真の一族が全国に広がる。

No.93

岩崎さん

三菱財閥を創設した岩崎弥太郎のルーツは武田信玄の一族。

No.94

久保さん

地形の窪に由来する。久しく保つと書いて文字を飾った。

No.95

木下さん

城（き）の下などの地名に由来。兵庫、福岡県に多い。

No.96

佐野さん

栃木県佐野市から出た名族は、英雄・藤原秀郷将軍の子孫。

No.97

野村さん

野原にある村のこと。滋賀県発祥の野村氏は宇多源氏。

No.98

松尾さん

山すその松林などに由来する。九州北部に多い。

No.99

菊地さん

東北に多く、肥後（熊本県）の菊池氏が改姓したものという。

No.100

杉本さん

杉林に由来し、相模国（神奈川県）発祥の名族は平姓三浦一族。

ランキング出典・監修

「名字由来net」　https://myoji-yurai.net/

本文参考文献

『なぜ「田中さん」は西日本に多いのか』小林明／日本経済新聞出版社、『日本人の苗字　三〇万姓の調査から見えたこと』丹羽基二／光文社、『なんでもわかる日本人の名字』森岡浩／朝日新聞出版、『日本の名字　なるほど事典』鈴木亨／実業之日本社、『地名苗字読み解き事典』丹羽基二／柏書房、『知識ゼロからの神社と祭り入門』瓜生中／幻冬舎、『図解 神道がよくわかる』菅田正昭／日本文芸社、『苗字百科　家紋百科』丹羽基二／近藤出版社、『日本人の姓・苗字・名前　人名に刻まれた歴史』大藤修／吉川弘文館、『知っておきたい日本の名字と家紋』武光誠／角川学芸出版、『カラー版 イチから知りたい！家紋と名字』網本光悦／西東社、『名字でわかる あなたのルーツ』森岡浩／小学館、『日本人なら知っておきたい名字のいわれ・成り立ち』大野敏明／実業之日本社、『決定版！名字のヒミツ』森岡浩／朝日新聞出版、『日本人の名字と家紋』高澤等、森岡浩／プレジデント社、『日本の名字』武光誠／ＫＡＤＯＫＡＷＡ『茶の間で語る珍名奇姓』飯田栄／オリジン出版センター、『分布とルーツがわかる名字の地図』森岡浩／日本実業出版社、『苗字の謎が面白いほどわかる本』丹羽基二／中経出版、『日本の苗字』渡辺三男／毎日新聞社、『日本の名字おもしろ百科事典』丹羽基二／芙蓉書房出版、『知っておきたい日本の名字』森岡浩／柑出版社、『日本の苗字おもしろ事典』丹羽基二／明治書院、『ルーツがわかる名字の事典』森岡浩／大月書店、『名字歳時記　季節でたどる名字の話』高信幸男／日本加除出版、『日本の苗字おもしろ雑学』丹羽基二／日東書院、『ハンコ屋さんが案内する名字の不思議　珍名さんのいろいろ』森下恒博／新風舎、『名字から歴史を読む方法』鈴木亨／河出書房新社『あなたの知らない北海道・東北地方の名字の秘密』森岡浩／洋泉社、『あなたの知らない関東地方の名字の秘密』森岡浩／洋泉社、『あなたの知らない近畿地方の名字の秘密』森岡浩／洋泉社、『あなたの知らない九州・沖縄地方の名字の秘密』森岡浩／洋泉社、『あなたの知らない東海地方の名字の秘密』森岡浩／洋泉社、『難読珍読　苗字の地図帳』丹羽基二／講談社、『名字の世界―あなたのルーツがわかる！』インデックス編集部編／イースト・プレス、『一個人別冊 日本人の名字の大疑問』ベストセラーズ、『一個人　2013年12月号 2017年7月号』ＫＫベストセラーズ

【参考ホームページ】

名字由来net、一般社団法人 日野町観光協会 金持神社、関東農政局、高崎市、長崎県観光連盟 長崎県文化観光国際部観光振興課、丹波新聞、日経新聞電子版、ＴＢＳ、京都府観光ガイド、ＮＥＷＳポストセブン、お茶街道、ニッポン旅マガジン、ＢＥＳＴＴＩＭＥＳ、ＮＩＫＫＥＩ　ＳＴＹＬＥ、週刊女性ＰＲＩＭＥ、マイナビニュース、週刊女性ＰＲＩＭＥ、マイナビニュース、ニッポン旅マガジン、ダイヤモンドオンライン、名字資料館、ほか

【名字索引】

【名字索引】

お

か

き

く

【名字索引】

（氏・姓として登場した場合は★）

あ

い

う

え

知れば知るほど面白い
名字の秘密大辞典

平成 30 年 5 月 22 日第一刷

編　者　名字の秘密研究会

製　作　新井イッセー事務所

イラスト　志田華織

発行人　山田有司

発行所　株式会社　彩図社
東京都豊島区南大塚 3-24-4
MTビル　〒170-0005
TEL：03-5985-8213　FAX：03-5985-8224

印刷所　新灯印刷株式会社

URL：http://www.saiz.co.jp
https://twitter.com/saiz_sha

ISBN978-4-8013-0296-9　C0039